MIT面試官
湯瑪麗 著
教你進美國名校

MASSACHVSETTS INSTITVTE OF TECHNOLOGY

MCMXV

獻給

爸爸、媽媽

老公

及

三個兒女

In Recognition of Sustained Excellence in all aspects of
MIT Educational Council activity

the

George B. Morgan '20 Award

is presented to

Mary F. Tong '90, SM '91

Nicolas E. Chammas SM '87
President
Association of Alumni and Alumnae of MIT

Judith M. Cole
Executive Vice President and CEO
Association of Alumni and Alumnae of MIT

September 24, 2016

〈專文推薦〉
勇於飛上青天，迎向挑戰

何飛鵬

　　看完本書作者瑪麗的故事，才知道「高手在民間」這句話可不是空穴來風，原來她正是這樣一位隱藏版的民間高手。從二〇〇三年到二〇一六年，在 MIT（Massachusetts Institute of Technology）所錄取的五十位台灣學生中，有十一位就是經過她這位面試官面試後錄取的，錄取率超過百分之二十。

　　MIT 在台灣的面試官從二〇〇三年的六至八位成長到如今的十八位，在這樣的人數下，她能以百分之二十的學生錄取率獨占鰲頭，不難想見她必定有著過人之處與獨到的眼光，意見備受 MIT 的重視。瑪麗不僅在個人的生活、求學與就業各方面都講求效率與卓越，即便在面試學生上也是如此。因此，由瑪麗來寫這本書，對台灣學子面授機宜，讓有志於躋身 MIT 以及常春藤名校的學子們少走點冤枉路，知道如何搭上超音速客機，飛上青天，可說是再適合也不過了。

　　依據美國國際教育學會（IIE，即 Institute of International Education）的統計資料顯示，一九九〇年，台灣在美國的留學生

有三萬三千多人，到了二〇一七年，僅有兩萬一千多人。三十年來，台灣總人口數從兩千萬人成長到了兩千三百萬人，但留美人數卻不增反減，為什麼？其實，台灣的總留學人數未必有大幅減少，只是升學與留學的選擇變多元了。除了美國、歐洲、日本以外，如今港澳的大學也積極來台招生，又有大陸名校承認台灣學測成績，且在國際上的排名急劇上升等因素，大量分散了台灣留學生，多少導致台灣赴美留學的人數變少。

留美人數的減少，是否打破了過去「來來來，來台大；去去去，去美國」的求學鐵律？客觀而言，台灣學生留美人數雖然的確減少了，但美國始終仍是許多台灣學生留學的首選，尤其像MIT或常春藤這類世界級的頂尖大學。對未來有想法的年輕人，美國名校將會是讓自己更出類拔萃的重要歷程。

在此前提下，「噴射機瑪麗」（Concorde Mary，關於此稱號的由來，請詳閱本書第一章）所寫的這本MIT與常春藤等級的升學祕笈就顯得格外重要了。從她個人的MIT學習歷程、教養子女的體悟（一兒一女也進入MIT、一個女兒進入普林斯頓），到擔任面試官多年的見聞與經驗，以及許多位成功進入MIT就讀的學生們的現身說法，雖各自不同，卻各自精彩，對於有志於進入美國頂尖大學就讀的學生而言，都是非常寶貴的第一手資料，具有極高的參考價值。

很榮幸「噴射機瑪麗」這一站降落在商周，讓我們有機會邀請讀者搭上這架班機，汲取求學、教養、指導學生升學的獨特經驗與故事。也希望年輕學子在閱讀本書之餘，不論是否圓滿了進入美國名校的美夢，都能在人生與求學經歷上更上一層樓，更有勇氣跨出舒適圈，接受各種不同的挑戰！

（本文作者為城邦媒體集團首席執行長）

〈專文推薦〉

「噴射機瑪麗」對母校 MIT 的貢獻

陳希聖

　　我認識彼得、瑪麗一家人多年，見證他們對下一代的教育用心良苦。我認為每個孩子的人格特質互異，父母親用對的方法，依其適才適性發展，為他們創造學習優勢，以得到事半功倍的效果。彼得瑪麗夫婦用正面的態度與方法，鼓勵孩子在不同環境中探索生命並卓越成長，他們先後進入 MIT 和世界一流的大學，其中兩位女兒已畢業，並在職場中發光發熱，貢獻社會。

　　瑪麗以回饋生命中的貴人的心境，至今出任了十五年 MIT 台灣區面試官無給職的任務，居功厥偉，在二〇一六榮獲 MIT 校友貢獻獎 George B. Morgan Award，全球五千位面試官中，該年僅有十二位得此殊榮。MIT 新生口中的瑪麗阿姨，用心地讓這些優秀的高中生在被 MIT 錄取後，安排與 MIT 的學長們互動交流，讓他們在踏入校門前對學校有更多的認識。如此，那些即將離鄉背井負笈求學的孩子，心中有較多的安定與踏實感。這類迎新活動持續了十多年，受嘉惠的 MIT 學生眾多，其中包括我的兒子。瑪麗對台灣 MIT 學生的貢獻，著實超過自己的三個小孩。

「考場如戰場」，感謝瑪麗無私地將她寶貴的經驗與大家分享。我們知道，美國一流大學的申請程序是複雜和嚴謹的，在本書中，瑪麗以面試官的立場，羅列教戰手冊，鞭辟入裡地歸納申請大學的重點，以及面試的心法與訣竅，期許孩子們按部就班，在競爭激烈的戰場中過關斬將，脫穎而出，成功踏進一流學府。

MIT，麻省理工學院，其辦學宗旨：「The mission of MIT is to advance knowledge and educate students in science, technology, and other areas of scholarship that will best serve the nation and the world in the 21st century.」翻譯成中文，「MIT 的任務是在科學、科技和其他二十一世紀能增進國家與世界福祉的學術領域，推廣知識與培養學生。」MIT 被公認為當今世界上最頂尖的理工學府，近百位諾貝爾獎得主在此誕生，MIT 因而也成為全球佼佼者嚮往進入的第一志願。

本書，值得有志進入美國大學的學生和家長仔細拜讀，「噴射機瑪麗」將助您一臂之力，成為您生命中的領航員、生命中的貴人，在通往美國名校之路取得入門票，嶄露頭角，出類拔萃，迎向屬於自己的一片天。

希望您和您的家庭成員如願成為 MIT 大家庭中的一分子，秉承 MIT 人一脈相傳的精神，共創新未來！

（本文作者為 MIT 台灣校友會〔2016-2018〕會長）

〈專文推薦〉
猴媽的子女教養學

黃日燦

美國大學，尤其是一流名校，強調的核心價值就是多元性，從課程內容的安排、教授師資的聘任、乃至招收學生的申請程序和錄取標準，在在都反應了這個精神。

所以，對美國大學稍有瞭解的人，都能感受到校園裡的多元背景和色彩。學科成績固然重要，但卻未必是美國大學挑選學生的最關鍵因素。大部分學校又都擁有高度自主性，每家大學招生所要求的文件和重視的內涵經常不盡相同。

這個多元核心價值，是美國和台灣的大學之間的最大差異。在台灣，受到教育部法令的規範，絕大多數的學校都是「書同文、車同軌」。學測或指考的招生程序下，學科成績掛帥，學生根據考試成績圈志願挑學校科系，學校基本上只能被動接受。近年雖然也有多元入學方案，但在數量和程度上頗為有限，與美國大學的多元性相去不可以道里計。

所以，當台灣的學生想要申請美國大學入學許可時，馬上發現主客易位，是學校先挑了學生後，才輪到學生選擇去不去。而

且美國大學各有特色，篩選學生各有重點，招生程序和錄取標準也常各有所好，讓準備申請的台灣學生和他們的家長，有如「劉姥姥進了大觀園」，眼花撩亂，無所適從。

美國大學沒有聯招制度「放諸四海而皆準」的統一規格，讓習慣「依樣畫葫蘆」的台灣朋友們不知如何是好，煞是頭痛。坊間因而有了一些指導台灣學生申請美國大學的參考書，但是否確能對症下藥，不得而知。譬如說，有些是美國類似書籍的中譯本，但這些針對美國學生所寫的內容，能否照本宣科適用於台灣學生，似乎不無疑慮。

好友張彼得先生的夫人湯瑪麗女士，出生於台灣，八歲全家移民美國，定居西岸南加州接受中小學教育，後來到東岸名校麻省理工學院（MIT）就讀大學，並一口氣念完 MIT 管理學院五年制的學碩士班，贏得同學們奉送的「噴射機瑪麗」綽號。

自 MIT 畢業後，湯瑪麗到日本的東京銀行工作滿一年時，本來計畫回美國攻讀法律當律師，結果，「千里姻緣一線牽」，在老天巧妙的安排下，與幸運的張彼得共結連理嫁回台灣，浪漫地相約「結婚之後再來談戀愛吧」。

返台伊始，湯女士在台北花旗銀行工作了五年，表現優異，極獲肯定，但在生下三個孩子後毅然決定成為全職家庭主婦。相

夫教子之餘,湯女士從二〇〇三年開始,擔任了十五年MIT面試官,成為MIT在台面試官中最有成就的一位。

在這十五年裡,MIT錄取了台灣五十位學生,其中由湯女士面試的占十一位,超過二十%。湯女士擔任面試官的盡心盡力,也受到MIT的高度肯定,在二〇一六年獲頒MIT校友貢獻獎(George B. Morgan Award),在全球將近五千位的MIT面試官中,那一年只有十二位得到這份殊榮。

現在,湯女士以其自己在美台兩地成長求學的經歷,加上她為MIT面試台灣學生十五年的經驗,毫不藏私地傾囊相授她的心得和心法,寫成《MIT面試官教你進美國名校》一書,娓娓道來,文筆淺顯易懂,內容親切真誠,平鋪直敘中屢見珠璣,真的是把壓箱底的寶貝都掏了出來。

顧名思義,本書提供了很多申請美國名校必知的祕訣,並且都是務實的提醒,而非空泛的理論,對有興趣申請美國大學的台灣學生和他們的家長,可說是不可不讀的解惑之鑰。

更難能可貴的是,本書除了是一本指導台灣學生如何準備申請美國大學的工具書外,還是一本台灣家長可以借鏡參考的子女教養學。就如同湯女士老公張彼得序文所說,湯女士不是虎媽,而是猴媽。虎媽和猴媽在教養子女上有何差異,在本書中有精彩

分享,讀者開卷有益,務必趕快拜讀。

的確,美國大學既然強調多元性,當然希望錄取的學生能有足夠的獨特性,讓校園能夠展現出廣泛充沛的多元價值。所以,申請美國名校和應對面試固然有些眉角,但最重要的還是申請學生的本質;本質夠獨特,包裝就容易,否則恐怕是事倍功半。

至於申請學生要如何彰顯足夠的獨特性,透過才藝技能和社會服務等課外活動的補強,當然有一定的幫助。但這些活動有如必要條件,但不是充分條件,尤其是當大多數申請學生都有類似活動的加持時,補強效果就會互相抵銷而大打折扣了。

根本之計,申請學生的獨特性,還是要靠父母從小日積月累的教養,讓小孩能夠自主成長,就容易建立個人的獨特性。所以,歸根究柢,台灣家長對子女平時的適當教養,才是幫助子女申請美國名校的不二法門。從這個角度來看,本書融合了申請美國名校的建議和湯女士的子女教養學,治標治本兼備,可說是用心良苦。

本書作者雖然是湯瑪麗,但她的親密老公張彼得不甘寂寞地提筆奉送了序文〈她不是虎媽!〉和後記〈教養問題 拿捏之間〉,並外加附錄:教養雞湯〈巴菲特留給下一代的智慧課〉,畫龍點睛,為本書生色甚多,讀者千萬不可錯過。

　　彼得與瑪麗鶼鰈情深，在本書中字裡行間自然流露，溢於言表，令人羨慕。時值他們賢伉儷結婚二十五周年，且讓我藉此機會祝福他們琴瑟和鳴，永浴愛河。

（本文作者為眾達國際法律事務所合夥律師／

台灣併購與私募股權協會榮譽理事長）

〈專文推薦〉
踏實耕耘，陪伴傾聽，支持鼓勵的求學之路

劉永順

在教育界服務多年，最喜悅的就是看到學生畢業後，能順利進入理想的學校，展開人生新頁。走在校園，總能不時看見校友穿梭，或者學有所成，或者在社會上有所貢獻，充滿自信神采的回到母校，和老師及學弟妹分享他們的精彩人生故事，其中也有不少同學，選擇到國外念書或就業。隨著時代的進步，現在的學生求學的選擇更加多元，申請國外大學已是一種趨勢。但該如何幫孩子及早規劃及做選擇，是現代的家長、學生及教育者都很關心的問題。

和坊間許多親子關係、考試升學類書籍僵硬死板的內容不同，湯瑪麗女士以生動的文筆，家常對話一般，從自己的成長背景談起，娓娓道來自己求學的歷程，以及一路陪伴孩子成長的酸甜苦辣，到成為面試官後多年累積下來的心得分享。

畢業於 MIT 管理學院的湯瑪麗女士，在台灣擔任 MIT 面試官長達十五年。她的三位孩子中，有兩位進入 MIT，一位進入普

林斯頓，擔任面試官期間也協助許多高中生申請上理想學府。在本書中，她先是以異鄉遊子的角度，描寫自小移民國外，求學與生活的奮鬥歷程；再以母親的角度，分享孩子在升學過程中，她如何引導孩子、和孩子溝通，培養孩子的興趣、陶冶品德、精進學業，如何協助孩子做未來規劃，陪伴孩子走過「升學」這條成長必經之路；更以面試官的角度，詳細列出申請美國大學的常見Q&A以及面試的訣竅。

　　她以多年的經驗，開闊的眼光，汲取東西方文化的養分，頗有自己的一套教養哲學，生動鮮活的筆觸，也常讓人不覺會心一笑。除了能給讀者許多實用的資訊，更能讓我們了解，因應現在的趨勢，孩子該如何準備及培養能力，才能迎向國際化的浪潮，成為現代社會需要的人才。書中許多親子教養的分享，想必也能引起許多家長的共鳴。

　　對家長來說，是幫孩子規劃未來的實用書籍，亦是親子教養的良方；對學生來說，是提供許多留學及面試資訊的武功秘笈，亦是尋找未來方向的指南；對教育者來說，也是輔導學生升學的好用教材。期盼不同角色的讀者，都能在這本書中得到不同的收穫。

　　近來公視的戲劇《你的孩子不是你的孩子》十分火紅，劇中的升學議題及緊繃的親子關係，反映了現代家長和孩子，面對升

學各自的焦慮與掙扎，引發不小的討論，看來讓人感慨。不同世代的孩子，面對不斷改變的環境，會遇到不同的挑戰，而現代的家長與教育者，也要隨時接受新的資訊，不斷調整觀念，建立和孩子對話的方式，成為孩子人生路上最好的戰友，升學之路就不會是遍布荊棘，讓人不堪回首，而是踏實耕耘，陪伴傾聽，互相支持鼓勵，共同迎來柳暗花明的燦爛風景！

（本文作者為台北市私立延平中學校長）

〈序文〉
她不是虎媽！

張彼得

人生的命運很難預測，在我還是單身漢的時候，從來沒想過自己會娶一名 MIT 畢業的老婆，也沒想過會生三個孩子，而三個孩子竟然也都進了美國一流大學。所以我的朋友們總開玩笑說：「彼得，你的腦袋程度我們都知道，小孩的學業成就一定是遺傳你老婆的基因！」

英文有句「spare the rod, spoil the child」的諺語，翻譯成中文就是「不打不成器」。許多人會好奇，我的老婆湯瑪麗從 MIT 畢業，又教出三位讀名校的孩子，她肯定是嚴厲的虎媽了，然而這並非事實。我覺得與其說她是虎媽，不如說她是「猴媽」，瑪麗生肖屬猴，猴子聰明、靈活、懂得適應環境，而且她是隻有幸運符的猴子，總是帶給全家很多好運。

一九九一年，在和老婆相遇前，我已到了三十一歲，而我篤信基督的母親認為，我的緣分會靠她的禱告來實現。當時我四舅所在的美國加州教會，有一名在美國長大剛從 MIT 畢業取得碩士學位女孩，正準備要去東京工作。長輩認為或許可以介紹我們

交往看看。

　　我的母親行動力十足，立刻訂了兩張機票，與我父親一起去美國加州見這位女孩，十幾天後回來便告訴我：「我們替你找到理想對象了！」要我和她交往，我心想怎麼可能，但為了安撫老人家，就順手把手邊的英文履歷表，加上一張照片，在卷頭寫上「For your reference」（請參考）三個大字，就這樣寄了出去。哪知，過了一陣子，我竟也收到了瑪麗小姐的履歷表外加兩張美麗的照片。

　　雖然我們交往了一年，但中間只不定期約會見面幾次，在要步入禮堂前，我仍覺得這一切太奇幻了，於是對瑪麗說：「我們結婚之後再來談戀愛吧。」我們年初結婚，年底大女兒出生，五年內生了二女一男。當時她的幾位大學好友都還沒結婚，她就一馬當先成為三個小孩的母親了。

　　老婆生下小兒子一段時間後辭去工作，成為全職主婦，我負責賺取供給家庭生活的養分，她負責規劃和執行子女的教育。從二十五年的婚姻生活中，我充分體悟到夫妻要為對方著想，分工合作，不然在彼此的相處和子女的教育上都容易出現歧見與衝突。

　　觀察動物行為，我們知道老虎是一種單獨行動的動物，而猴子是一種群體行動、互相支持，以群體為重的動物。至於猴媽

和虎媽有什麼不同？虎媽總嚴厲執行各種訓練，要求特別傑出的表現，而猴媽則更重視孩子們能夠自主念書，關注他們的飲食健康，從小養成良好的生活與運動習慣，對長輩有禮、懂得尊重他人……。另外猴媽也不會錯過帶小孩們去旅遊、玩遊戲、吃美食、看電影等，安排各種好玩的事。

從前在台灣升學是單行道，考好高中再考好大學、研究所；現在時代不同了，升學道路越來越多元化，要求也同樣越來越多元，尤其出國讀書更有許多細節要了解和準備，無論學校成績、學術競賽、課外活動、師長推薦信都必須規劃。瑪麗自己走過這條路，以親身經驗，努力求教加上妥善準備，為三個孩子開創了入學的坦途。

我和老婆很幸運地陪著三個小孩成長，享受著人生中最幸運的親子關係。老婆希望把她多年來擔任 MIT 面試官的所見所聞、幫助許多台灣子弟入學 MIT 的經驗，以及教育自己小孩升學的心得結集成書，好和有需要的家長及學子分享。在當今美國名校入學越來越競爭之際，這也算是武功祕笈大公開吧！（當然，祕笈收入一定要捐做公益啦！）

我榮幸在老婆的書中寫序，推薦她的書。不過，我還是要再強調一次——她真的不是虎媽！

她是一個有智慧的媽媽！

MIT 面試官教你進美國名校
CONTENTS 目錄

第1章
我的 MIT 歷程　　　　　　　　　　　　　　　　　　　029

〈作者序〉
為什麼寫這本書？

　　我是個為了我的母校麻省理工學院（MIT），擔任了十五年面試官的平凡家庭主婦。面試官的職責就是對想申請進入 MIT 讀大學的高中生進行面試。一般大眾可能會認為，MIT 的面試官都是在職業上很有成就的大金控老闆或企業家，的確有許多是如此，而我卻是平凡的家庭主婦。

　　我八歲時全家移民美國，二十四歲從美國嫁回台灣，之後到了花旗銀行工作五年，生下三個孩子後毅然決定成為家庭主婦，不讓孩子們跟著菲傭長大。記得有一次，一位要面試的學生跟我說：「湯小姐，我 google 了你的名字……」我就替他接著說：「你什麼都找不到的。」我自己查過了，真的什麼都沒有。那位學生當時看起來有點納悶，可能在想怎麼被安排到一位沒半點成就的校友啊！

　　雖說我是個家庭主婦，但是可不要小看我，過去十五年來我已成為 MIT 在台灣最有功勞的面試官之一。二〇〇三年到二〇一六年之間，在台灣共有五十位學生被 MIT 錄取（這不包括不需要面試的轉學生），而其中十一位是我面試的，超過了百分之

二十。這些學生中有男有女，有北部、中部、南部的公私立學校或國際學校的學生，除了台灣籍、美國籍，甚至還有其他國家的人，本書內容就包括了他們第一手的經驗分享。

由於二○○三到二○○八年間我定居於台中，所以那時我負責面試中南部的學生，這樣他們只要到台中就好，不需要跑到台北。當初全台有六至八位面試官都住在北部，現在有二十位。儘管二○○八年我與家人搬到了台北，我依然負責大多數中南部學校的學生。由我面試且進入 MIT 的學生有從雄中、台中女中、台中一中、台中馬禮遜美國學校、新竹雙語和建中畢業的。二○一六年 MIT 頒給我校友貢獻獎──George B. Morgan Award，在全球有將近五千位的面試官中，該年包括我在內有十二位得到這份殊榮。

我很感恩在我的生命裡遇到的許多貴人，當初面試我的校友也是我的貴人，我相信他幫我寫了非常棒的面試報告，助我一臂之力進了 MIT。因為我人生中曾得到太多人幫助，所以我也想回饋，幫助他人，希望能做別人的貴人。一九九一年 MIT 畢業後，當時我就想擔任面試官這份無給職的工作，但由於剛畢業前往日本工作一年，然後嫁回台灣，婚後從頭開始適應小時候離開的台灣，在花旗銀行工作時期也過於忙碌，當時連小孩生病都是靠菲傭帶去看醫生，後來辭掉工作搬到台中時才達成這個願望。

　　十多年的面試官生涯讓我的生活變得更加豐富，也讓我認識了許多優秀的年輕人，並且能夠維持赤子之心。因此我想分享這些經驗，希望我的微薄之力，能幫助有心前往美國讀大學的學生實現夢想，展翅高飛。

第 1 章
我的MIT歷程

麻省理工學院
羅傑斯大樓（7號大樓）以創辦人威廉・巴頓・羅傑斯（William Barton Rogers）
命名，是「無限長廊」的入口。
校訓：手腦並用（Mens et Manus）。

1-1 八歲移民美國的包春捲高手

　　我出生在台灣高雄，父親是壽山國中英文老師，母親在經濟部高雄加工出口區管理處擔任祕書。六歲時我們舉家搬到新北市淡水，我轉學到真理路六號的文化國民小學讀一二年級，我至今都記得走在真理大學的紅磚道上，踏著淡水河夕陽餘暉回家的景象。

　　放學回家第一件事就是看電視，尤其是卡通影片，功課自然留待晚餐後再動工，在班上五十幾個小朋友中，我的成績排名在二十四、五名，完全看不出來有任何「學霸」的資質。幸好我個性勤懇，總是乖乖地做功課，到了二年級的第二次段考，我居然拿到全班第一名。當時老師可能太吃驚，唱名時還把我的名字叫反了。

　　在當年台灣知識分子的心目中，美國是自由與理想國度的代名詞。父親在一九七五年底先前往美國洛杉磯，一九七六年初夏，母親帶著我和一歲的弟弟赴美依親，爸媽頂下了位於長灘（Long Beach）的簡餐店，改名為「Tong's Hamburger」，除了

經營美式速食外賣，也供應炒飯、炒麵和春捲等中菜。

異邦居，大不易

無論在故鄉學經歷如何，沒有受過美國教育、三十幾歲的移民求職無門，自營小生意是常見的謀生之道。我的父母從白領變成藍領，每天在備料、烹調、清潔的體力勞動輪迴中，只求快餐店更上軌道，好應付下個月的帳單。

從我家過一座橋就是非裔美國人高度集中的區域康普頓市（Compton），有一位韓裔的熟客在那一區開酒品專賣店（liquor store），每個星期都會光顧我家打打牙祭。在異鄉見到東方面孔格外親切，我爸媽總會多送給這位熟客一些小菜，並且閒聊幾句，談到康普頓的治安問題，我爸媽總提醒對方要注意人身安全，對方直言沒有問題，他可是剽悍的韓國人呢！但是過了一些時日，這位熟客許久沒有上門，打聽之下竟是噩耗──他在打烊收店時被不明人士從背後槍擊，魂斷異鄉。

為什麼要辛辛苦苦移民美國？媽媽總是這樣回答我：「來這裡，是為了你們的教育。」

在美國，治安、消防與教育預算由地方政府編列，房屋稅是很大的稅收來源，在較優質的社區才能分發進入辦學有口碑的公立學校，否則就要花大錢報名私校，這也是為什麼社區好壞房

價差異極大，學校的素質、風氣也相距甚遠。我印象很深刻，在
「Tong's Hamburger」開幕的頭一個月，我父母在店外擺放了露
天雅座，沒想到竟變成附近放牛中學的翹課集會所。這群學生常
在店前無所事事地坐上一整天，呆望著校車經過也不搭車上學，
爸媽覺得這不只影響生意，對小孩也是很負面的示範，便悄悄地
收起桌椅。

努力融入美國社會的台灣小孩

我進入長灘的 Grant Elementary School 讀三年級，當年
學校只有三名外國學生需要 ESL 課程（English as a Second
Language，教導英語為第二種語言的學生英文課程）。剛入學時
英文不通，我被美國小孩扯頭髮捉弄，當年還沒有「霸凌」概
念，我已意識到自己因為外來者身分被欺負。幸好小孩子學得很
快、融入英語環境的門檻低，加上也沒有其他講中文的小孩能對
話，老師安排同學當我的朋友，我的英語突飛猛進，很快就不用
上 ESL 課程，四年級跳到高級的文法班。

比起升學主義的台灣，在美國真的是兒童的天堂。然而不管
到哪裡，會讀書又乖巧的小孩，總是很容易得到師長喜愛。在課
堂上我展現了比同學更好的數理天賦，成了老師鍾愛的學生；下
課回家我不只念書寫功課，還負責照顧小七歲的弟弟，假日則是

幫家裡備料包春捲——我在八歲時，就已經是包春捲高手了！

中學七年級我讀 Hamilton Junior High School，每天上學時，我都會主動和站在校門口做導護的副校長道早安。副校長有一天問了我的名字，之後她打電話給我父母，說我很有禮貌，大大稱讚了我一番，並且問我母親：「我可以幫你女兒做些什麼呢？」

我母親深知學校學生程度不一，希望副校長協助我考 GATE（Gifted and Talented Education），也就是台灣的資優班。美國的資優教育和台灣不同，台灣有限制班級與學生人數，美國則是成績達標即可選修資優課程，副校長很熱心地提供了資訊，我後來也代表學校參加了校際的數學競賽。

在八年級時，我們家搬到拉帕爾馬（La Palma），我轉學到 Walker Junior High School 就讀。可能在搬家時就被竊盜集團鎖定，有一天回家時，爸媽驚覺門戶大開，貴重財物以及倉庫裡的冰櫃，甚至是冰櫃裡存放的食材通通被搬空了，嚇得我和弟弟好一陣子都不敢單獨待在家裡。

美國住宅幾乎不裝鐵窗，因為小偷的緣故，我家變成拉帕馬爾區唯一一戶鐵窗人家。看著父母辛勞工作，存下每一分血汗錢，就是為了我和弟弟有更好的未來，因此我很早就體會到，教育是我這樣出身的移民唯一能翻身的路，我不只要努力，更是要豁出去地努力。

MIT 面試官的提醒

★禮貌很重要！它能令師長對你印象深刻！

★教育能帶領我們開創不一樣的人生。

★你不只要努力，而且要以洪荒之力加倍努力！

1-2 主動的我，遇上積極獵才的MIT

　　在西方愛的教育薰陶下，大多數孩子都能盡情玩耍、適性發展。而當我升上九年級—相當於台灣舊學制的國中三年級時，我就意識到童年結束了，此時學校成績都會歸檔記錄，同學們也在思考要讀大學還是提早就業，高中是決定一個人未來在什麼樣戰場打拚的關鍵，所以我非常主動地去尋找各種有益升學的資源。

　　我的父母移民美國後，經營一家快餐店，除了週末上教堂做禮拜休息半日，其他時間都像陀螺一樣忙得團團轉。父母本就是知識分子，為了我和弟弟的教育與未來，在事業穩定的人生中場放棄在台灣的一切移民，苦於沒有美國學歷，不得不以藍領勞動撐起家計。我從小看父母為生活奔波，也體驗過餐飲業不斷備料的體力勞動，是如何掏空一個人，這讓我立志長大後要「靠頭腦賺錢」，由於父母太忙、愛莫能助，我必須自立自強，升大學的各種前置準備，都靠自己規劃。

動機明確，每一步都在準備

在還沒網路化的時代，一切資訊都靠紙本宣傳，我先去借閱大學申請的簡章，了解目標大學的各項升學條件。美國名校歡迎文武全才，不希望學生是光啃課本的書呆子，所以我除了努力拉高學業成績，同時也參加學校的羽球隊，球隊得到學區聯盟大賽冠軍，還打進了南加州州內聯賽。

簡章上要求「服務精神」，這屬於抽象的特質，口說無憑，我打算透過社團活動來證明。我加入學校的服務性社團「Key Club」，除了去安養院陪老人聊天、也協助社區籌劃園遊會、為小孩子舉辦復活節找彩蛋的康樂活動。累積了這麼多服務經驗後，下一個課題，就是要帶領學弟妹將服務精神傳承下去，我成為 Key Club 的社長，正好符合大學期待的「具備領導力」。

得知同一所高中有優秀的學長姊，一位進入哈佛大學，另外兩位錄取加州理工學院，他們不僅成為我崇拜的對象，更是學習的模範。我知道學術能力測驗（SAT）要考高分，於是到書局買了參考書，在寒假時大量練習考古題。

在美國念大學所費不貲，我既然決定升學，就產生了迫切的責任感，想要減輕父母的經濟壓力。我經常去學校輔導室走動，瞧瞧有哪些獎學金可以申請。我的理科成績好，於是申請到洛克

威爾（Rockwell）公司的四年獎學金，當年還搭了直升機去洛克威爾洛杉磯總部領獎，這則新聞登上加州地方報紙，是我人生中非常光榮的時刻。

每當我談起自己準備申請大學的歷程，許多人都傻眼了：「沒人從旁協助的情況下，要讀書、要運動、要服務、要領導還要申請獎學金，豈不是忙翻了？」

這些事只是生活中的一個面向，當年我還到店裡幫忙爸媽，也要負責照顧弟弟，就像是他的半個媽……。然而，專注執行每一步計畫，讓我覺得充實而有活力，這也印證人是很有潛能的生物，只要有明確的目標與行動力，真的是無所不能！

爭取人才，MIT 主動出擊

因為生活圈在加州，我的第一志願是州立的加州大學洛杉磯分校（UCLA），升上十年級，我認為自己可以試試看柏克萊大學（Berkeley）的申請入學。十一年級考完模擬學術能力測驗（PSAT）後，美國各大學便磨刀霍霍地開始搶優秀學生，雪片一般的簡章飛進我家信箱，其中也有來自 MIT 的書面資料。

當時我的心思都放在柏克萊的申請上，有一天接到一通電話，話筒那一端是一位 MIT 的女性校友，她先恭喜我在模擬考拿下好成績，接著大大推薦了 MIT 一番，並且問我：「對 MIT

有沒有興趣？要不要來申請入學呢？」

我太吃驚了，頓時說不出什麼話來。吃驚的原因之一，我沒想過要離家這麼遠，從美國西岸飛往東岸念大學；第二個原因，MIT 這樣的一流大學，竟然對招生如此積極，不只寄簡章，還動員校友打電話鼓勵後進，像推銷員一樣請高中生「把 MIT 當你的第一志願」。

女校友聽我的聲音猶豫不決，便追問我有什麼難處，我戰戰兢兢地告訴她，我覺得 MIT 的學生都好聰明啊！她反問我：「你不覺得自己聰明嗎？」我回答說還好。她就跟我說：「在 MIT 當然有比你聰明的，也會有比你差的，要不要申請看看？」

父親看我在柏克萊與 MIT 之間猶疑，建議我選擇 MIT，父親的理由是：「你去東岸四年，如果不適應還可以回西岸；如果你一直待在加州，以後想去東岸發展，恐怕就機會渺茫了。」我覺得父親的見解有理，讀 MIT 打開我的視野，我終生感謝這位素未謀面的女校友。

多元性，美國大學的核心價值

多年後，我成為 MIT 的面試官，更了解美國大學對招生的重視與執行方針，以及如何在其中落實大學精神。每一年，各大學的招生辦公室（admissions office）會進行全美高中巡迴講座，

向高中生自我推薦、幫助學生認識學校。一流大學強調「多元性」，不只要爭取多才多藝的年輕人，更希望招收到每一州的學生，並強調國際化，在學校網站的簡介中，也標榜校園中匯集多少國家的優秀人才。

講究多元性，終極目標是打破社會階級的天花板，例如在成績條件相同下，許多一流大學會優先錄取父母、家族成員沒有念大學的年輕人。這也讓我的小孩抱怨：「爸媽你們都有碩士學位，墊高我申請大學的難度。」

相較美國一流大學的招生方針，在台灣的高等教育中，排行前面的校系不愁沒有學生，幾乎不用出力向年輕人自我推薦。雖然有多元入學方案，台灣還是以學科成績掛帥，在同一個校系中，學生無論個性、家庭背景幾乎是整齊劃一的，這讓我想到台大經濟系教授駱明慶的研究〈誰是台大學生？〉，從性別、家庭經濟狀況、城鄉差異做大數據比較，並以二〇〇〇年為分水嶺，針對往後的多元入學方案、繁星計畫進行計量分析——數據顯示，即使脫離聯考的一試定終身，出身在首善之都「台北市」核心「大安區」的孩子，仍比台灣其他地區的孩子有更高的機率進台大。

要成就一個彼此提升的學術環境，學生個人要戮力充實自己，大學也要積極向優秀的人遞出橄欖枝——感受過 MIT 的尊

重和禮遇,身為校友的我,自然對母校產生高度認同感,畢竟大學不是一片建築群,人才是大學的根本。

MIT 面試官的提醒

★美國名校歡迎允文允武,並且具備「服務精神」和「領導力」的學生,而不中意只會念書的書呆子。

★擠出每一滴時間,充分利用它,再加上明確的目標與行動力,你將無所不能!

★一流大學強調「多元性」與「國際化」,致力於打破社會階級,優先錄取家族成員中沒有人念大學的年輕人。

1-3 我的主修是六、八、十五

　　聽了父親建議我去東岸念大學，我就把 MIT 視為大學第一志願，寄出申請資料後，便等待學校安排面試。我被分配給一位住在加州長灘、擔任面試官的 MIT 校友，面試就約在他家。在面試的前幾天，我開了三十分鐘的車去探路、熟悉環境。他是一位慈祥的老先生，我們見面相談甚歡，比起正襟危坐的面試，更像是與一位長輩閒話家常。

　　因為事隔幾十年，實際聊了哪些話題我真的想不起來，印象比較深刻的是，這位校友展示了 MIT 的校園地圖，介紹哪裡有什麼設施，聊到我參與的課外活動和社區服務，我提起週末會幫教會唱詩彈琴，剛好面試官家裡就有一台鋼琴，我當場演奏了幾曲聖詩。

　　現在學校不建議在私人住宅進行面試，目前的方式都是約在某個公共場所，或是面試官的辦公室。我仍覺得自己的運氣很好，相信這位面試官替我寫了一封很棒的推薦報告，面試過後的三個多月，我收到 MIT 的錄取通知。

一晃眼已是二〇一七年夏天，我陪著小兒子前往美國，參加MIT 的新生入學。坐在車上看著路邊的景物，忽然有恍若隔世之感，回想起在三十一年前，也就是一九八六年，我因為要幫忙家中快餐店的生意，沒有參加開學前的校園導覽，直到快開學了，才隻身一人拎著兩個大皮箱飛去東岸，而今差距何其大。

數字：MIT 的通關密語

美國其他大學在四月初放榜，但 MIT 把放榜日提前到三月十四日，三月十四日呼應著三點一四的圓周率（π），而這一天也是訂為「圓周率日」（Pi Day）。π 是一個神祕的數學符號，π 的數字序列被認為是隨機分布的，在統計上具有獨特的隨機性，但數學家至今未能證明這點。此外，π 是一個超越數，不是任何整係數多項式方程式的根，也不可能用尺規作圖作出此數，由此也證明「化圓為方」是不可能的。基於種種特性，π很適合當作一間理工型大學探索知識的起點。直到今天，MIT 都是在三月十四日這一天當地時間下午六點二十八分（$2 \times \pi$），公布新生錄取名單。

數字是 MIT 人的通關密語，我們選課也不說課名，當同學問起：「你主修什麼？」我回答：「我的主修是六。」六是電機系的代稱，課號「六〇〇一」就是電機系開的課程。在 MIT，不

僅學科以數字代稱，校園的建築物與教室也都有系統編號，在主建築區中，左側建築群是單數，右側是雙數，例如 10-100 就是位編號 10 建築中一樓。主建築區中有一條著名的「無限長廊」（Infinite Corridor），貫穿並連接了主要的建築物，筆直的長廊旁都是一間間比鄰的教室或實驗室。

在大學新鮮人時期，我也困惑過：要主修什麼好呢？台語有一句俗諺說：「第一賣冰，第二做醫生。」醫師收入高，華人社會推崇白袍的地位，但是我最怕血腥場面，於是不念醫科，選擇主修電機。上了六〇〇一的第一節課後，我覺得「不好玩」，趕忙改成主修八數學系。

但在數學系兩個星期，我感到課程太理論了，而且主修數學的學生，幾乎都是聰明過頭的怪咖，他們的數論對話聽起來很像外星語。我想要學習和現實世界連結、更有趣的學科，而且畢業後能改善家庭的經濟狀況，編號十五的管理學院看來是最適合我的選擇了！

努力比聰明重要

在 MIT，大一是不分科系的，學生都念一樣的通識，因為過去曾有學生受不了課業壓力自殺，所以當時校方在第一年不公布成績，只分有過與沒過，後來大一第二學期改成 A/B/C/No-

Record 就是有成績可是假如沒過就沒有記錄。在大二第一學期就要確定主修。MIT 的優點之一就是要轉系非常方便，去學校行政單位改變主修登記即可。

當年我也自我懷疑過，MIT 有這麼多厲害又聰明的天才，和他們比起來，我是不是不夠聰明？

我還記得大一必修的微積分（18.02），在四百多人的課堂上，有一次期中考我考了一百分，教授宣稱全班只有十六名同學考滿分，他可能覺得應該要有更多人滿分，便開玩笑地說：「不知道是這次的考試比較難，還是今年的學生比較笨呢？」

我很訝異考一百分的是自己，因為前後左右的同學，看起來都比我聰明。我所做的事情就只有「努力」，上課認真聽課，寫完課本習題、考古題，平凡的我可以「表現得和天才一樣」，這證明了努力比聰明重要。

走出舒適圈，探索全世界

每次我分享讀 MIT 的歷程時，不少同學和家長會疑問：「讀台灣的大學，和去美國念大學有什麼不同？」「到國外念書，就比較能找到人生的目標和意義嗎？」

還沒體驗美國一流大學的學風前，大家能列舉出來的差異都是通則，例如在 MIT 讀書不能常常回家，讀台灣的大學可以幾

個星期回家一次，甚至還可以住在家裡；美國常春藤盟校的學費很貴，台灣相對便宜許多。即使把 MIT 換成美國其他大學，例如加州理工學院（Caltech），這些差異也一樣存在，只是西岸的氣候比起東岸，對生活在亞熱帶海島的台灣人而言比較舒適。

二〇一五年申請上 MIT 的林同學分享，選擇出國念書，不是外國的月亮比較圓，而是出國的歷練讓人親身體驗：某件事物真實存在世界的某處。林同學在 MIT 念了兩年書後，開始體會到所謂的差異：「例如你可能不會想像到：通識課其實很有趣，而且教得很深。」「可能難以想像男女合宿舍是很有趣的。」

「在宿舍生活中，我體認到大家也都還在尋找人生的意義。」林同學自言高中時憑感覺，基於「看看美國人是怎麼上大學」的好奇心，而申請了 MIT，他承認自己仍在摸索人生的理想及目標，「我現在反而認為：我不需要立刻決定我的目標。年輕的優勢不是知識或經驗，年經的本錢就是還有時間探索。」

大學是人生中最適合探索的階段，而且年輕就是本錢，別被「我不是天才」的框架侷限了，走出舒適圈，大膽嘗試吧！

MIT 面試官的提醒

★面對一堆比你聰明的人，你唯一能做的是「努力」。努力可以使人從平凡變成天才，努力比聰明更重要！

★年輕人的優勢並非知識或經驗，而是擁有足夠的時間探索未來。

★大學是打破自我框架，走出舒適圈的「探索樂園」。揮灑你的青春，大膽嘗試吧！

1-4 噴射機瑪麗

翻開 MIT 的畢業紀念冊，可以看到同學寫下對於「Concorde Mary」（噴射機瑪麗）的回憶，細數了她的各種高效率事跡，還有彼此相處的趣事，而這位「噴射機瑪麗」不是別人，就是我！

回想起大學時期的綽號——噴射機瑪麗，不禁莞爾。這個綽號是怎麼來的呢？

搭噴射機直升五年制研究所

Concorde 即協和式客機，是法國航太與英國飛機公司聯合研製的中程超音速客機，集一九六〇年代西歐航空科技的大成。在一九六九年首飛，到了一九九六年二月，協和式客機從倫敦飛抵紐約，僅需要兩小時五十二分五十九秒，創下了客機航班橫跨大西洋的最快紀錄，比一般飛機快了一倍以上，也被視為民航客機的劃時代之作。

因此，協和式客機在大眾文化中也廣受歡迎。例如一九七九年上映的〇〇七電影《太空城》（*Moonraker*）中，詹姆士·龐

德就乘坐了協和式客機去調查太空載具失竊案；在《變形金剛》（*Transformers*）系列中，角色形象是「純粹、強大、急速」（Pure, strong, and fast）的機器人銀劍（Silverbolt），變身的原型也是協和式客機。

協和式客機與我在 MIT 的學業有什麼關聯？

MIT 斯隆管理學院（Sloan School of Management）設有常規兩年制的碩士班，歡迎有一段職場歷練、希望再進修的業界人士申請；另外也設立了五年制學碩士班，特別提供給自己的學生，可以在大三時申請。錄取之後，大四就能開始選修碩士課程，等於只要多花一年的時間，便可以同時取得學士與碩士學位。然而，這個五年制學碩士班非常競爭，每年從 MIT 校內直升的學生平均只有三到五人，一隻手數得出來。

我記得大三時某一堂財務課後，同組兩位大四並已在修讀五年制學碩士班的學長忽然對我說：「我覺得你可以申請五年制學碩士班。」為了進一步評估，我找機會請教財務教授的意見。

教授認為攻讀五年制研究所，既能縮短求學時間，也可省下不少學費，是很值得挑戰的事，他建議我去申請。我考慮當時自己並沒有正式的工作經驗，適合念碩士班嗎？教授告訴我，職場經驗可以等到日後再去累積。聽了這番分析，我便開口央請這位

教授幫我寫一份推薦信。

互利共生的時間運用術

其實，從進入 MIT 之後，我就有好多想要做的事情，顧好學業成績、思考升學規劃、打工貼補昂貴的學費、應徵暑期實習機會、為未來的謀職鋪路、認識值得效勞的公司企業、改善家中經濟狀況……。這麼多事情放在一起，要怎麼排出優先順序？有辦法同時並進嗎？

我從小就是一名計畫狂，在 MIT 見識了許多優秀同學精實的行事曆後，我融會貫通，替自己的每個目標排出階段性計畫，並且讓每項計畫能夠互利共生。

打工要花時間，但也不能壓縮太多念書時間，於是我選擇在 MIT 一間系所圖書館工讀。那間圖書館的環境靜謐，工作量適中，館員閒暇之餘，可以在櫃檯的座位上準備功課，既有收入又能兼顧學業，我便在那打工了四年。由於各大學都有徵才公告，我鼓勵學生們多加注意，善用這類工讀機會。

顧好了課業和打工，每年暑假申請去企業實習，便是 MIT 學生的重頭戲。大一暑假我前往美國國防工業通用動力公司（General Dynamics）實習，而大二去在紐約的公平人壽保險公司（Equitable Life Insurance）實習的經驗，讓我興起考精算師的

念頭，於是大三時選擇了另一家在加州的太平洋相互人壽保險公司（Pacific Mutual Life Insurance）實習。我在大二大三時修了日語課，對日本文化很感興趣，大四就申請了日本三和銀行的實習機會。

　　三年的暑假累積了一些實務經驗，比起畢業後直接去業界工作，我認為自己遲早會回到學校念碩士，等到以後再做不如現在一氣呵成。若申請上 MIT 管理學院五年制學碩士班，不只省下一年的時間，也省下一年的學費，減輕家中經濟負擔。加上財務教授的一番分析與建議，我開始認真著手進行。

主動出擊的 MIT 精神

　　大三時我想做研究（UROP–Undergraduate Research Opportunities Program）。我去找了在 MIT 斯隆管理學院任教的史都華・梅耶斯（Stewart Myers）教授，他是《公司財務原理》（*Principles of Corporate Finance*）的共同作者之一，這本教科書可是全世界大學財金系學生必讀的聖經。之前梅耶斯教授完全不認識我，我仍向他毛遂自薦，問他我能夠幫他做些什麼？或是他的研究室有哪些打工機會？梅耶斯教授告訴我，他都是用研究生，還不曾有過大學生的助理，但他感受到了我的誠懇，便表示他正忙著修訂教科書，需要人手精算書中的例題，可以讓我試試看，我便奮勇

接下這個工作。

等到要提交五年制學碩士班申請書的時候，我帶了一盤餅乾去拜訪梅耶斯教授：「如果沒有時間幫我寫推薦信，也請幫我向學院方面美言幾句。」

到了暑假，我在加州實習時，有一天我媽媽打電話告訴我，她接到一通來自 MIT 的電話，聽不懂對方講什麼，只記得開場白是「Congratulations!」我心想最值得說「恭喜」的事情，就是申請五年制學碩士班有了捷報，於是趕忙打電話回學校確認，聽到校務人員肯定的回覆時，我開心得快飛了起來，有志者事竟成啊！

因此，之後我總是步履敏捷、精力充沛地穿梭在校園與教室間。同學眼中的我，就像協和式客機一樣，能量飽滿，速度飛快，把時間利用到極致，效率極高。我以四年半的時間就完成學碩士學業，要前往日本東京銀行發展了，同學們於是封我為「噴射機瑪麗」！

MIT 面試官的提醒

★為每個目標排定明確的執行計畫，使這些計畫彼此互利
　共生，相輔相成，便能達到事半功倍的效果。

★如果必須兼顧學業和打工，不妨留意大學裡的徵才公告，
　爭取類似圖書館員之類的工讀機會，便能兼顧收入與學
　業。

★隨時保持飽滿的精神與能量，行動敏捷，並將時間利用
　到極致，便能達到超高的效率。

1-5 東京銀行×女子圖鑑

「小心點，別把你的聖誕節蛋糕放過期了。」我的日本女性友人開了我一個玩笑：「沒人想吃過期的蛋糕。」

時值一九九一年日本泡沫經濟階段，我在東京銀行擔任儲備幹部，要怎麼在那樣的時空背景下，理解這個日式黑色幽默？

MIT 牽成的日本職場體驗

我的大學時代正逢日本經濟崛起，日本吸引了大量外資，成為世界第二大經濟體，從開發中國家躋身已開發國家，日本研究成為全球學術界顯學，MIT 也與日本企業進行各式各樣的合作計畫。

大四暑假我前往日本三和銀行實習，加上研究所時期和日籍同學打成一片，所寫的碩士論文題目又是「女性如何融入日本的職場環境」（The Gradual Integration of Women into the Japanese Business Environment），在這些因緣的牽引下，畢業後我就到了東京銀行成為儲備幹部。

在學風自由的 MIT，除了開設多元的課程，學校與企業的合作也十分緊密，讓學生從大一開始就能爭取知名公司的實習機會，時至今日都是如此。二○一五年申請上 MIT 的林同學便分享，在校園中不時會遇到「怪人」，例如大一就在上研究所的課和發表論文，明明是大學部的學生，卻已經有資格擔任研究所課的助教，或是大一就被公司錄取，然後開始上班了。

回頭談我在東京銀行的奇幻旅程，十二月二十五日是聖誕節，同時影射「二十五歲」的女性。在我是社會新鮮人的年代，二十五歲是日本女性結婚競賽的最終衝線期，過了這年紀不嫁人，就會被貼上「老姑娘」的標籤，淪為「滯銷的過期蛋糕」，含蓄的大和民族，毒舌起來也是教人萬箭穿心的。

日本女性的職場困境

東京銀行的女性員工分為內勤行員與儲備幹部兩種體系，雙方涇渭分明，從服裝就有明確規範，內勤行員要穿制服，儲備幹部則有選擇穿著的自由。我給自己的人生規劃是在東京銀行工作一年，然後回美國攻讀法律碩士，並考取律師資格。既然不會長住日本，每天要挖空心思在穿著上，實在太麻煩了，於是我向公司主張：「也讓我穿制服吧！」

儲備幹部多數是男性，都是日本一流大學畢業，女性則是出

國留學、喝過洋墨水的。我們儲備幹部的座位在眾多女性行員的前面，明明在同一間辦公室工作，兩個區域的同事卻幾乎沒有交流，午餐時間儲備幹部也自成小團體，即便我穿了制服，外貌看起來和一般行員沒什麼不同，依舊不能與她們一同用餐。

日本社會是由無數小團體組成，互相小心翼翼地保持距離，但也有例外狀況。有一個同為儲備幹部的男同事宣告：「我要結婚了！」我們自然追問對象是誰？男同事指了指後排的行員辦公區，這簡直是震驚四座，我們從來沒看過這對新人公開交談過，他們到底是怎麼擦出火花的？又從什麼時候發展到這個階段？這謎團我至今都沒解開。

當時在日本，擁有大學學歷的女性擠進大銀行的窄門，卻沒有升遷空間，只能當「免洗筷式」的基層員工。她們的目標是在二十五歲以前，抓住一名企業菁英金龜婿，然後結婚離職相夫教子，否則就會淪為「老 OL」，被下一批進入公司的新鮮人和「環境氛圍」逼退。不想淪為人生失敗組，日本女性會卯足勁聯誼，在你我看不到的地方暗自努力。

一九八五年，日本頒布了《男女僱用機會均等法》，地位相當於台灣的《性別工作平等法》，三十年來性別觀念已經進步許多，而二〇一六年爆紅的網路劇《東京女子圖鑑》，依舊可以看到這些社會潛規則的殘影，讓現代女性心有戚戚焉。大陸也接連

翻拍出《北京女子圖鑑》、《上海女子圖鑑》等改編版，詮釋新世代女性在職場與感情世界的處境。

福利優渥，階級、潛規則也無處不在

日本社會的潛規則，讓我慶幸自己是一名外來者（Outsider），而且是擁有專業技能的女性，因此享有很多優待。

例如當年我住在位於涉谷目黑區的宿舍，是東京銀行為女性專業人員建造的，坐落在東京高級住宅區，索尼集團（Sony）的社長便是我們的鄰居，每個月租金僅三千日幣，我打聽過市場行情，相同規格要價十萬日幣以上。

回想起前一年的暑假，我來日本在三和銀行實習，住在宿舍只要登記用餐，便會有專人準備團膳。當年與我一起用早餐的，是三和銀行其他分行派到總行的主管，兩位年紀與我父親很接近的大叔。從小養成的習慣，我見到這兩位長輩都會打招呼，有時候早上也一起去晨跑運動。我要離開三和銀行的時候，兩位大叔特別送我餞別禮物，一件是當年最夯的 CD 播放器、一件是高級的喀什米爾毛衣，真讓我無比感謝！從他們身上，我深刻感受到日本人多禮、照顧晚輩的一面。

在泡沫經濟的高峰，日本大企業很照顧員工，我與同事到箱根、日光、京都觀光，都住在銀行附設的招待所。然而繁華的背

面，有無數勞工血汗加班，在日式潛規則下，即使沒有產出仍要滯留在辦公室，順便用公司公費吃晚餐省荷包。受美國教育的我很難理解這樣的行為，於是每天下午五點半的下班鐘聲響起，我的工作完成後，就提起公事包前往日語教室進修。

即使有「外來者」身分做保護傘，我還是會被日本人揶揄「別錯過保鮮期」。而無愧於「噴射機瑪麗」的綽號，在我的 MIT 朋友們仍然單身之際，我一馬當先在二十四歲結婚，人生大事有了著落，但比起自己能掌握的學業與工作，婚姻、家庭與子女教養，又是另一個嶄新的戰場了！

MIT 面試官的提醒

★爭取產學合作的實習機會，利用暑假前往不同的企業實習，可累積豐富的就業資產。

★年輕人不要自我設限，不論是學業或工作，願意挑戰自我就有機會打破框架。

★進入新環境時，打開雙眼觀察、打開耳朵傾聽，接觸得越深，收穫就越大。

1-6 全職媽媽的另類戰場

把「結婚」、「冒險」這兩個關鍵字輸入 Google 搜尋,會找到知名藝人分享自己婚姻觀的報導:「跟誰結婚都是一場冒險!」

當同齡的朋友們都還是單身時,我在二十四歲步入了結婚禮堂,踏上這場冒險之旅。

出身台灣的異邦人

我八歲赴美,十八歲因為探望外公外婆曾短暫回台一趟,對於故鄉已經沒有多少印象。從 MIT 畢業後,我在東京銀行服務滿一年,本來計畫回美國攻讀法律、考取律師資格,連寫推薦函的教授都請託好了,完全沒預料自己會在二十四歲左右結婚回到台灣長住。

當時最強烈感受到的文化衝擊是交通,尤其機車駕駛經常超速、違規轉彎、沒保持車距、在人行道上橫衝直撞,讓我覺得連走在路上都很危險。

生活上的不適應,讓我心想把孩子養大後,就要搬回美國定

居。直到結婚十四、五年，從台中搬到台北後，我才終於融入這塊土地，也開始覺得台灣很不錯，接受「嫁雞隨雞，嫁狗隨狗」的生活。

到異地生活最難熬的是孤獨，爸媽的兄弟姊妹大部分都在美國，我在台灣沒幾位親戚，當時也沒有朋友，所以老公建議我找個工作，另外有個生活重心。

全職媽媽的育兒戰場

一開始我在怡富證券（Jardine Fleming）工作，不久後懷孕了，可能是太操勞，產檢發現寶寶都沒成長，因為擔心流產，工作了幾個月便辭職。

大女兒出生後不久，老公又幫把我的履歷表丟進花旗銀行（Citibank），我在商人銀行處擔任經理職，部門業務是協助上市櫃公司在海外發行股票和公司債。在花旗服務時，二女兒、小兒子接連出生，由於工作忙碌，我幾乎沒時間跟孩子們相處，下班回家時已經氣力放盡，年幼的孩子們也要準備上床睡覺了。

育兒對全職媽媽而言相當辛苦，即使我家請了全職菲傭（早期家裡有小孩可以請外傭）協助，還是經常忙不過來。例如孩子們小時候身體不太好，大女兒鼻子過敏嚴重，經常整個垃圾桶都是她用來擤鼻涕的衛生紙。平日的午後，菲傭會推著二女兒，去

托兒所接大女兒，若遇到午後雷陣雨，我常擔心兩個小孩遇雨受涼，便得加緊速度處理工作，一下班就去接大女兒。

小兒子小時候身體弱，菲傭常帶他去住家附近的耳鼻喉科診所報到。有一次是我帶兒子去看病，掛號時護士告訴我：「你兒子是我們診所第一名的常客！」當下我真是百感交集，孩子們這麼需要照顧，我也不希望三個孩子都讓菲傭帶大，於是在小兒子出生後半年，我辭別了工作五年的花旗銀行，成為家庭主婦。

東西方教養方式大不同

等孩子們到了上學的年紀，我認為中文與英文一樣重要，而中文比英文難學，怕小孩會了英文就不肯學中文，決定讓他們先讀台灣學制的公立學校。

剛好大女兒要上小學時，我們搬到台中跟公婆一起住，她去讀她爸爸小時候讀的忠孝國小。當時大女兒先通過班上的測驗，有資格去考資優班，我們就讓她去考。沒想到一打聽才知道，全台中只有三間國小設有資優班，每班限制招生三十人，換算下來全台中只提供九十個名額，但想進入資優班的人數不知是多少倍。搶破頭之餘，許多家長就把小孩送去專門補習班，當時我都不知道「該做這些事」。

大女兒是第一個面對這些問題的，她在沒補習的情況下考進

資優班，本以為能安心就讀，結果卻不是這麼回事，我們馬上就被超難的學校作業搞得七葷八素。

西方資優教育鼓勵創意，允許且尊重小孩獨立思考，但我覺得台灣的資優班並非如此，只是把教學進度提前，用超級難的題目要把小孩考倒。

我印象很深刻，大女兒小學二年級時，帶了一份非常冷僻的成語作業回家，我們翻遍字典、搜尋教育部的網站，都查不到這些成語的出處和典故，自然只能繳白卷了。老公忍不住在聯絡簿上反應：「出這麼難的作業有什麼意義？」後來老師把那項功課取消，這讓其他家長額手稱慶，甚至感謝我們對老師直言。

我在美國長大、在台灣養育三個小孩，這個過程讓我發現東、西方教育的不同之處。西方教育給很多自由、鼓勵創新，用鼓勵和讚許的方式引導小孩；東方教育重效率、規律和紀律，要孩子溫順和尊重長輩，兩者各有優缺點。

「怎麼教小孩」是舉世父母的大哉問，要如何培養出優秀的下一代，西方的爸媽也是抓破腦袋，這可以解釋為什麼耶魯大學法學院教授蔡美兒（Amy Chua）所著《虎媽的戰歌》（*Battle Hymn of the Tiger Mother*）會引爆討論，讓虎媽教育從美國紅回亞洲國家，讓東方式教育揚眉吐氣一番。

但東方式教育的手段推到極致，實在有許多讓我不敢恭維之

處。大女兒五年級時遇上一位老師，給小學生考大學等級的數學題目，結果自然是全班哀鴻遍野。我覺得這樣跳級太多，根本是揠苗助長。此外，這位老師也常因為某一學生調皮，就把整堂課都拿來「管秩序」，讓全班同學跟著連坐受罰。

有好幾位家長覺得不妥，想要向學校反應，但這位老師是帶領「升學班」出名的，加上小孩沒有選課的自由，如果學校不願意換老師，那孩子們又該怎麼辦？

不管怎麼做都投鼠忌器，就在這時發生一件令我永生難忘的事──我的大女兒，帶著一張十七分的數學考卷回家。

MIT 面試官的提醒

★美國與台灣資優教育的不同之處在於，前者鼓勵孩子的創意與獨立思考能力；後者則是讓孩子提早學習更高年級的課程，甚至被超難的題目考倒。

★美國以鼓勵和讚美的方式教育、引導孩子，並且給與孩子們許多自由與創新的空間；台灣則更重視效率、紀律，要求孩子遵守規則、順服、尊師重道。沒有孰優孰劣，而是各有優缺點。

★中文與英文一樣重要！不論出國留學或念外語學校，請讓孩子先學會中文，再學英文。

1-7 教養衝擊！大女兒的十七分

一個國小五年級的小孩數學考了十七分，名次在班上吊車尾，這代表什麼意思呢？

看到大女兒的考卷當下，一連串問號像煮沸的開水壺泡泡，啪啦啪啦地從我腦海中湧出，怎麼會這樣？要怎麼補救？女兒不懂的部分有多少？是要她更用功一點，還是我對她的關心不夠？該送她去補習，或是請位厲害的家教？還是，台灣的教育體制不適合她？

縱使我有 MIT 管理學院學士、碩士學歷，比同儕提早半年畢業，在國際級大銀行旗下擔任管理職，這一切我的個人成就與經歷，都無法用來解決女兒的學習困境，那一刻我幾乎是腦袋當機，淚水忍不住潸潸落下。

「老婆你怎麼了啊？」下班回來的老公看到我失魂落魄的模樣，嚇了一大跳。得知事情的原委後，我們開始討論：是否要提前將大女兒送去美國念書？

維護孩子的自信心

台灣的美國學校學制是小學五年、中學三年、高中四年，台灣學制是六年、三年、三年，大多數美國本土則是六年、二年、四年。我的原定計畫是大女兒念完六年級後，再到美國念中學，中文學習比較完整，銜接上也比較順暢，但這張十七分的考卷，使計畫提早一年啟動。

大女兒是第一個小孩，我二十五歲當媽媽，因為人生歷練不足，育兒沒經驗，也缺乏耐心，所以她的成長歷程比較辛苦。加上大女兒個性強硬，很有自己的想法，國小三年級開始就會跟我吵架。我的成長過程中沒經歷這類問題，當時也尚未接觸親職課程，經常不知道怎麼應付。

回過頭來想，其實那張考卷是十七分、五十九還是六十分都不是重點，當孩子不斷被成績和排名否定，會認為自己學習落後；自信心不容易建立，而要摧毀卻是一瞬間的事，我覺得這樣下去對孩子是致命傷。

經過一番溝通之後，大女兒在小學五年級升六年級的暑假前往美國，與我的父母同住。當時她外公還擔心她不能適應，大女兒堅毅地告訴外公：「我一個星期就習慣了美國生活！」我希望她精進語言學習，每星期都出英文作文題目給她練習，我再用紅

字批改在 email 中，有一次她這麼寫：「爸媽你們放心，我才不
會輸給這些白佬呢！」

　　大女兒在美國很懂事又獨立，認真讀書，假日會去教會。她
也遇到許多貴人在成長路上拉她一把，但這麼小就和父母分隔兩
地，我心中總對她有一份虧欠感。

體會到每個孩子都不一樣

　　有了大女兒的經驗在前面，帶二女兒就輕鬆得多。二女兒
在大女兒之後考上國小資優班，數學、英語等課業表現都非常傑
出，日後也一路朝向自我與父母期許的路線發展。

　　小兒子和兩個姊姊年紀差了幾歲，當初兩個姊姊一起參加
的活動，他幾乎都只能自己參加。小兒子小時候很怕生，幼稚園
去美國上暑期課程時，只要發現媽媽不在視線內就會哭，我都要
躡手躡腳地離開。有一次我離開後，他看到鄰居阿公帶孫女去上
課，竟然抱著鄰居阿公的腿，哭著不讓他走！現在小兒子長大
了，卻是三姊弟中最擅長社交的。他搬進 MIT 宿舍後，跨出台
灣學生的圈子，跟全世界交朋友，而且越罕見國籍的同學越讓他
好奇，我問他為什麼？小兒子回我：「因為去念 MIT 的台灣學
生，幾乎都是老媽的眼線啊！」

　　在陪伴三個小孩成長的過程中，我體會到每個孩子都不一

樣，有獨一無二的天賦，父母要用不同的方式去啟發他們。

父母分工合作

教養兒女不是媽媽的專屬責任，父母要共同承擔。隨著兒女的成長，我老公的參與越來越多，由於我的個性比較急，有時會反應過度，老公就比我有耐心，我們頗有默契地扮黑白臉，互相支援。尤其在親子衝突時刻，老公總能適時居中協調緩衝，安慰我，減輕我的憂慮，也聽聽孩子的抱怨，給予撫慰。

記得有一次，我與硬脾氣的大女兒又僵持不下，當時五年級的她已看完金庸，氣沖沖地對我咕噥一句：「臭婆娘！」她爸爸聽到了，把她找過去，兩人關在浴室裡相對而坐，你不言我不語。三十分鐘之後，父女兩人才出來，這時我們母女的氣也消了。這次的情況是個關鍵，之後我與老公都很確定，以大女兒的個性，提早到美國求學是比較合適的。

對於二女兒，不管是參加國小資優班或是台北美國學校的考試，老公都全程陪伴，他希望當女兒的支柱，幫她穩定軍心。有趣的是考完試後，老公不免關切地問二女兒考得如何，每次她都回答有幾題不會寫，但結果是過關斬將，高分錄取，由此可知，她對自己訂了相當高的標準。老公對自己也訂下標準，無論是考試，還是才藝表演、畢業典禮，他都會排除萬難，參與兒女人生

中的重要時刻，他不要當個缺席的父親。

至於小兒子，是個性溫和的孩子，但我們母子之間難免會有意見相左的時候。有一回，年紀還小的他生氣地跑去怪他爸爸說：「你怎麼娶這麼凶的女人當老婆？」童言童語，老公也不禁莞爾，回說：「這就是最好的！」當孩子遇到挫折或困難時，他們都願意敞開心胸與爸爸分享心中的感受或祕密，老公把這視為自己的成就，也是他一生要盡的責任。他在我與子女的心目中是我們的避風港和支柱。

讓孩子學會「為自己負責」

在我三個孩子的成長過程中，我只教他們大原則，不太去檢查細節。例如我會與他們討論美國學校的課表安排，但不會去過問他們什麼時候考試、功課有沒有做，注重教育的東方父母經常緊盯學校行事曆、聯絡簿，回家作業要檢查，每天上學帶什麼也要過問，段考或期末考時比小孩子還緊張。在我自己的成長過程中，爸媽忙於生計，對這方面也不清楚，我有很多自由，也很早就學會什麼是「為自己負責」。

給孩子一定的自由外，我也有我的堅持。例如孩子擔心拿不到好成績，所以不太情願選較難的進階課程，我就會分析為什麼需要選修這門課，半鼓勵半勉強，並且告訴孩子，如果遇

到困難，爸媽會和他們一起想辦法解決。

如此一來，他們想聽媽媽的意見時，就會來與我討論。例如孩子有兩堂課都想選修，問題是時間衝堂，究竟該怎麼決定？此時我會提出我的想法、孩子提出他的，我的看法不一定是對的，如果孩子講得有道理我就尊重，畢竟讀書是為了自己的未來。我也認為做一個有用的人、挖掘熱情、追尋志業，比一張文憑重要，而我面試過的學生也用親身經歷證明，他們是如何發展出自己的一片天！

和孩子建立好關係

當我來到人生的中場，孩子們也逐漸離巢，為自己的人生打拚。每當與朋友聚會時，我們都會討論到一個核心問題——親子之間最重要的是什麼？幾位朋友思考一番後，幾乎是不約而同回答：「和孩子建立好關係。」「小孩大學畢業後出社會，出社會後成家立業，親子感情不好的話，他們就會永遠離開父母了。」

父母對子女的愛很深，要如何適切地表達愛，才能把孩子培養成有用的人，又不會讓他們以為父母的付出都是理所當然。成為父母之後，我才開始學習這個看似簡單、實際上相當不容易的課題。

每當收到孩子們問候長輩的卡片，看到他們回台的第一個行

程，就是去探望爺爺奶奶，體貼地替爺爺奶奶按摩……，在這樣
的家庭氛圍中，最讓我欣慰的已經不是三個小孩都進入美國一流
大學，而是他們能夠知書達禮，懂得感恩，並期許自己成為對社
會有貢獻的人。

MIT 面試官的提醒

★考試成績雖不是重點，但落後的成績和排名卻會摧毀孩
　子的信心，使他產生自我否定的負面心理。

★給孩子適度的自由，他將提早學會為自己的行為負責。

★擁有無限的熱情，追尋心目中理想的志業，成為一個有
　用的人，遠比一張文憑來得重要！

★「建立良好關係」是親子間的首要之務，親子關係不良
　的孩子一旦離家，可能就會遠離父母。

第**2**章
MIT媽媽教養學

麻省理工學院
校園中搶眼的現代建築──史塔特科技中心（Stata Center）。電資系、語言學系、
哲學系，以及電腦科學與人工智慧實驗室、資訊與決策系統實驗室位於此。

2-1　教養原則一：中文英文一樣重要

許多台灣家長憂心子女的英語能力，從小就送去雙語或是全美語幼稚園與托兒所，報名有外籍老師的補習班甚至請英文家教，對孩子的中文能力卻不甚在意。身為在美國成長與教育三名跨文化子女的過來人，我主張「中文和英文一樣重要」。

在我八歲那年舉家移民美國，十八歲要上大學前，才第一次回台灣，對於台灣的風土民情幾乎沒有什麼印象，幸好我的中文能力不只聽與說，還有基本的讀和寫，日後結婚回台定居時才沒有太大的語言障礙。這要歸功於爸媽不希望我的中文能力急速退化，要求我定期寫信給外婆，此外我平時讀中文聖經、在家跟爸媽講國語，和弟弟說英語，跟後來移民美國並住在一起的阿嬤講台語，給了我多元的語言環境，因此在教育三名子女時，我想讓他們從小接觸東西方文化，長大後就有自由選擇的空間。

建議出生英語系國家華裔學生：先學中文

中文光是書寫就比英文複雜許多，不少美國學校體系的孩子

在這裡卡關，學會英文後，便怕難而不想學中文，所以我建議小孩要先學中文。例如我的兩個女兒都是先進入台灣學制的小學，六年級才轉進美國學校；兒子也是念了三年的台灣小學，四年級才進美國學校。

我以小兒子為榮的一件事，是他在台北美國學校十年級就當選了學生代表，他很認真地準備演說，用幽默感與機智贏得投票，選上該年級的學生自治會（class government）幹部。他是中文最流利的學生代表，所以在訂做班服或是辦活動時，都由他與校外廠商聯絡接洽，他一直連任到十二年級。

從推升個人的學習歷程，大到跟上世界趨勢，中文能力的重要性毋庸置疑。現在全球都在嘗試與中國這個巨大的經濟體打交道，台灣是保留、融合漢文化的寶島，也是很好的中文學習環境，身為華人卻沒有學好中文，豈不是扼腕？

學好中文後，打造英語環境

如果學生在校園與日常生活都以中文為主，這時尋找英語教材、熟悉英語環境就十分重要。

由於我的娘家在美國，每年暑假我都帶著孩子們去外公外婆家住一陣子，參加當地的夏季課程，讓三個小孩不怕開口說英語。我平常接送小孩上下學時，都在車上放英文故事的朗讀

CD，家裡也有許多兒童文學的有聲書，二女兒特別喜愛聽《哈利波特》（*Harry Potter*），每天都會反覆聆聽。

記得在大女兒國小三年級、二女兒小學一年級時，我幫她們報名了全民英檢初級，想了解她們的程度。在滿是大人的考場中，只有她們兩個小蘿蔔頭。大女兒初級考了九十七分以上，二女兒閱讀測驗滿分，但聽力錯了一題，她抱怨是隔壁太吵沒聽清楚。

二女兒在小學六年級時轉學到台北美國學校，依規定要上ESL 課程，但她覺得程度太簡單，讀了一學期後高分從 ESL 課程畢業。

每個家庭的狀況不同，我的經驗僅提供參考，在學習英語這條路上，坊間的教材多不勝數，網路上也有許多免費的資源。我也很感謝申請上 MIT 的台灣學生，為了幫助後進，無私地回饋自己的英語學習心法。

提早準備 SAT、ACT 與托福

以二〇一一年申請上 MIT 的徐同學來說，高一時他體會到自己並不適應台灣的學制，便認真評估像哥哥一樣到美國念大學，接著他在高一寒假就開始準備托福，以便申請台灣高中的英文免修。

　　申請到英文免修，一週就多了好幾小時的自學時間，徐同學打鐵趁熱，在高一升高二的暑假較無升學壓力時，花了兩個月的時間在 SAT 的補習班鍛鍊考試技能。高二英文免修節省的時間，他也都在準備 SAT，但高二的課業變得繁重，SAT 的準備無法避免地拖了許久。徐同學回想起這段過往，建議有心想出國念書的學弟妹，務必提早準備，也能與高中的英文老師協調，請學校提供相對應的協助。

　　二〇〇五年申請上的黃同學、二〇〇八年申請上的王同學、二〇一五年申請上的林同學不約而同表示，從國小、國中開始，除了配合學校的英語課程，他們都有閱讀英語學習雜誌的習慣，也按照全民英檢設定的方向練習。

　　除了課堂學習，黃同學平常會看電影、聽英文歌，從電影對話與歌詞中學習。王同學喜歡閱讀英文版的《科學人》雜誌、聽 ICRT 廣播電台。林同學自言個性內向，相較於口說與寫作，比較注重聽與讀，在出國前靠多閱讀及多聽 TED talks 來提升英語能力。

善用大學課程網，打破口說罩門

　　現在有越來越多學生仰賴線上資源，或是看 YouTube 頻道學英語，我也提醒學生，應該善用大學既有資源，例如知名大

學的課程影音，都放在網路上，MIT 的稱為 OpenCourseWare
（OCW），只要有心便能免費學習。

例如奪得奧林匹亞化學銀牌的黃同學，在面試前已經預習
了二〇〇五年諾貝爾化學獎得主、MIT 名教授理察‧施羅克
（Richard Schrock）的課，也讀了很多關於 MIT 的書籍，例如
The Idea Factory: Learning to Think at MIT，這本書繁體中文版
的譯名為《創意工廠 MIT：學習如何思考，在麻省理工》，談
MIT 如何激發出讓學生終身受用的創造力。

透過大學課程影片，在練習英語的同時認識目標大學，面試
時也更能佐證個人的執行力與企圖心，可以說是一舉數得。一開
始會面對很多生字，理解上比較辛苦，但這是英語學習的必經之
路。

理工人特質相當顯著的林同學分析，自己喜歡科學及哲學類
的寫作風格，在美國能比台灣更直接學習；但在口說方面，林同
學因為內向更需要加強練習，這也是他進入 MIT 後才發現的。

台灣的英語教學和托福考試注重聽與讀，學生們用力閱讀與
背單字、記文法，口說相對較弱，這是許多亞裔留學生的通病，
因此建議有志前往美國讀大學的學生，平日就多用英語聊天、溝
通、廣泛閱讀，未來的競爭力現在就開始儲備。

MIT 面試官的提醒

★在台灣奠定良好的中文母語能力，日後學習其他外語，
面對世界將擁有更多優勢。

★想學好英語，除了配合國小、國中的英語課程之外，還
要培養自己閱讀英語學習雜誌的習慣，或者看電影、聽
英文歌、聽 ICRT 廣播電台節目、多看 TED talks 演講，
平日多用英語聊天。

★上網搜尋美國知名大學的免費影音課程，除了可學習英
語，更能進一步了解你所屬意的大學，向面試官展現你
的執行力與企圖心！

★有志高中畢業赴美念大學，可以早點準備考托福，向學
校申請英文免修，將省下來的時間用來準備 SAT 考試。

2-2 教養原則二：培養孩子自主念書的習慣

　　我的二女兒在九年級時，寫了一篇名為 "Four Hours Later" 的散文，獲得二〇一一年全美初高中藝術及寫作大賽（Scholastic Art & Writing Awards）的一等獎（Gold Key Award）。標題中提到的這四個小時發生了什麼事情？原來是她打開一本小說之前，暗自下定決心：「只看十分鐘就好！」沒想到，她被書中的情節牢牢吸引，等她從書頁中抬起頭時，已經四個小時過去了。

　　二女兒在文中如此形容她的閱讀狂熱：「不管是看似平淡、實則有趣的學校指定讀物，或是一本讓人一讀再讀的沉迷之作；也不管是經典名著或其他流派，更不用說是中文還是英文，好的故事從各方面對一名讀者施展魔法，讓人愛上閱讀。當你翻開書的第一頁、融入故事的節奏，你可能預想不到，當你抬頭時，已經是四個小時之後了！」

有趣的讀物讓孩子渴望大量閱讀

不少父母感嘆，別提讓孩子自動自發去翻開教科書，光要孩子靜下心來閱讀就十分不容易，而且有了智慧型手機後，書本更是乏人問津。要怎麼教出「喜歡讀書」的孩子？我的小孩也不是天生就喜歡讀書，二女兒在 "Four Hours Later" 提到，小時候讀書都是學校或媽媽要求的，在小學四年級之前，閱讀絕對排不進「閒暇時想做的事」前十名。

讓二女兒愛上閱讀的關鍵，是小學五年級讀到英文版的《哈利波特》系列小說，J.K. 羅琳筆下的魔法世界深深吸引了她，「想看更多不一樣的故事」的心情，讓她主動去找課外讀物。我非常鼓勵孩子這麼做，所以二女兒在文中寫到：「出門時，我媽不會提醒我要帶鑰匙、手機甚至錢包，只會問我有沒有帶一本要讀的書！」

在小學六年級以前，二女兒就讀於台灣學制的小學，她從班級圖書館中讀到許多世界名著的中譯本，例如《傲慢與偏見》、《湯姆叔叔的小屋》、《基度山恩仇記》等經典，然後她暑假到美國時，在圖書館或是二手書攤中又找到英文版。由於之前讀了中文版，已經理解內容與故事情節，再讀這些經典名著的英文版時，很快可以進入英語的語境，自然而然地提升了英語能力。

培養「自己解決問題」的能力

讓孩子喜歡上閱讀的同時，也要培養他們自己解決問題的能力，才可能進一步養成自主念書的習慣。

小時候因為爸媽忙於工作，對我的課業也插不上手，所以我從小就很獨立，而且是一名「計畫狂」，總要把行事曆安排妥當，甚至沒有做計畫就沒有安全感。我很早就把獨立自主的觀念教給孩子，三個子女到學齡時我就告訴他們：「幫你們整理書包、把你們忘記帶的東西送到學校，這些事情媽媽是不做的。」忘了帶東西不能把責任推到父母身上，自己下次要更注意小心才行。

當課業遇到問題時，我也教小孩建立起「求助程序」，例如上課有不懂的地方，我要孩子們先去問老師，畢竟課程是老師教的、成績是老師給的，所以問老師最精確，再來也可以問同學、朋友，最後才來問爸媽。但是爸爸工作太忙，媽媽中文不夠好，時常使不上力，「媽媽可以做的是幫忙找家教，但你還是要先想辦法解決自己的問題。」

有些家長要求子女要考一百分，沒考滿分少一分打一下，我覺得這樣逼太緊，把成績標準訂在九十分，因為九十分對應美國學制，就已經拿到 A 了！沒考到九十分，就必須讓媽媽陪讀——這樣小孩子不自由不爽，我沒辦法看電視追劇更不爽。小孩子嚐

到苦頭後，很快就會了解：與其互相磨耗，不如自己認真一點達到目標。

不給孩子逃避的空間

成長與學習的過程中，總會遇到難題與挫折，有些孩子不想面對學校的壓力，便假裝生病逃避上學，久而久之學習落後，就對學校更感恐懼，狀況更糟的可能演變成學校恐懼症（school phobia）之類的心理症狀。

當然，真的生病了，的確該請假在家好好休息，可是孩子聽到同學請病假，不只不用上課，還能在家開心一天，不免想要「偷呷步」，所以孩子小時候說「不舒服、不想去上課」時，我心想不能讓孩子待在家裡看卡通、吃零食，過得舒舒服服，我會和小孩約法三章：

「因為生病了要多休息，所以除了吃飯和睡覺，不能看電視，還要做媽媽給的功課，以免跟不上學校進度。」當然，我開的功課比學校還多，某次和女兒話當年，女兒直說，她小時候盡量不生病，因為待在家裡比上學還辛苦！

慢慢放手，越來越獨立

到了五、六年級，就可以看出孩子能不能獨立，東方社會比

較保護小孩，我的觀念是要慢慢放手，父母不要時時和兒女綁在一起，甚至除了讀書之外，什麼都幫孩子代勞，把他們變成離不開家的「爸寶」、「媽寶」，一定要讓孩子學會自行規劃、獨立處理生活。

我的作法是，在孩子們小學放暑假時，帶著他們去美國探望外公外婆，並且報名附近的暑期學校、每天接送上下學。到了五、六年級，也就是美國學制的小學升中學階段，把孩子們送到開車一、兩小時的大學，參加三到五天的營隊，與同齡的孩子一起住在大學的宿舍，感受大學的學風和文化；到了國中階段，我送他們到更遠的大學，住一到兩個星期；升上高中後，就可以送到任何地方住上一兩個月。

每個家庭狀況不同，我的作法提供身為父母的讀者參考，可視情況調整。沒有什麼方法可以絕對保證培養出孩子自主念書的習慣，但最重要的是讓孩子了解：讀書為了自己，不是為父母而讀，他們得學會自立，父母不可能永遠養著小孩。

MIT 面試官的提醒

★要教出喜歡讀書的孩子,首先要讓孩子選擇他自己喜歡 的書,讓書中的內容吸引他讀下去。

★除了從小培養孩子良好的閱讀習慣之外,也要鍛鍊他們 不依賴家長、自己解決問題、自主學習的能力。

★培養孩子獨立自主的生活態度,可以從參加營隊開始, 讓他們學習脫離家庭的生活模式,進而學會自立。

2-3 教養原則三：孩子有獨一無二的天賦

「我的女兒去參加兒童美術教室，有一天的題目是『編織捕夢網』，她帶回來一張編在樹枝上的彩色麻繩網子，我覺得做得不錯，但也沒多想，就看看收起來了。」一位朋友的女兒申請上美國知名的藝術大學，朋友這樣描述自己如何發現孩子有藝術方面的天賦：「直到帶領課程的美術老師告訴我：『妳不曉得嗎？妳的女兒可以按照大人的範例做出捕夢網，她很有天分！』原來其他小朋友交的作品，都把網子纏成一團毛線球，過了兩年我兒子也去美術教室，帶回來的『網子』也是糾成一團，那時我才意識到，女兒可能適合美術這條路。」

學藝術的孩子從完成作品的過程中，磨練技巧並和自身對話，不像一般走升學體系的小孩有這麼多同伴，性格上必須耐得住寂寞。此外，家長的陪伴很重要，除了帶著孩子去參加比賽，還要幫小孩物色適合的老師、指導者，而各種課程與耗材所費不貲。即使如願進入藝術大學，藝術的領域也是五花八門，所學是

否能讓未來謀職順利，一切都說不準！有時候幫孩子發掘自己的天賦，父母也要有覺悟才行。

朋友的經驗，也讓我思考了自己如何發現三個小孩的天賦──許多人聽到我的大女兒念 MIT、二女兒念普林斯頓、小兒子也念 MIT，總是恭維：「你的小孩都是天才！」我覺得天才是過譽了，三個孩子都還算會讀書，的確很符合社會期待；然而最重要的是，他們在自己有興趣的領域上適情適性發展，所以能有好的表現。

大學的前哨：高中選課、選類組

在我的印象中，大女兒文科和數理的程度差不多一樣，二女兒明顯偏文科，小兒子偏向數理。他們的興趣也影響了他們的高中選課，高中選課和大學申請有很大的關聯，你選了什麼課，等於決定未來要讀什麼科系的大方向。

在台灣的美國學校學制中，小學五年、中學三年、高中四年，高中學生有選課的自由，文科人和理科人的選課傾向大不同。下面兩個參考表格，是我的小兒子與二女兒選課的差異，粗體字的部分，則是因為興趣不同而選擇的課程：

選課範例一：對數理有興趣

		九年級	十年級	十一年級	十二年級
課程	（1）數學	Honors Geometry with Proof 幾何學	Honors Calculus A 微積分 A	AP Calculus BC 微積分 BC	Honors Linear Algebra & Differential Equations 線性代數和微分方程
	（2）科學	Honors Physics 物理	Honors Chemistry 化學	Honors Biology 生物	AP Statistics 統計學（大學級）
	（3）英文	Honors English 9 英語九	Honors English 10 英語十	Honors American Literature 美國文學（大學級）	AP English Language 語言學（大學級）
	（4）應用外語	Honors Mandarin 9 中文九	Japanese 1 日文一	Japanese 2 日文二	Japanese 3 日文三
	（5）歷史	History of Asia 亞洲史	AP European History 歐洲史	AP US History 美國史	——
	（6）其他學科	Computer Graphics & Design 電腦程式設計	AP Physics 1 & 2 物理一二 （大學級）	AP Economics 經濟學（大學級）	AP Psychology 心理學（大學級）
	（7）其他藝能	PE 體育	PE 體育	AP Computer Science 電腦（大學級）	AP Environmental Science 環境科學（大學級）

選課範例二：對文科有興趣

		九年級	十年級	十一年級	十二年級
課程	（1）數學	Honors Algebra 2 代數二	Honors Calculus A 微積分 A	AP Calculus AB 微積分 AB （大學級）	AP Statistics 統計學（大學級）
	（2）科學	Honors Physics 物理	Honors Chemistry 化學	Honors Biology 生物	AP Biology 生物（大學級）
	（3）英文	Honors English 9 英語九	Honors English 10 英語十	**AP English Language** 語言學（大學級）	**AP English Literature** 文學（大學級）
	（4）應用 外語	Spanish 3 西班牙語三	Honors Spanish 4 西班牙語四	**AP Spanish Language** 西班牙語 （大學級）	**AP Spanish Literature** 西班牙文學 （大學級）
	（5）歷史	Asian Studies 亞洲研究	**AP European History** 歐洲史（大學級）	**AP US History** 美國史（大學級）	——
	（6）其他 學科	PE 體育	PE & IBSL Dance Yr 1 體育 & 舞蹈	**AP Government** 政府（大學級）	**AP Economics** 經濟學（大學級）
	（7）其他 藝能	Dance 舞蹈	**AP History of Art** 藝術史（大學級）	IBSL Dance Yr 2 舞蹈（國際文憑）	IBHL Dance 舞蹈 （國際文憑高級）

以 MIT 而言，身為一所理工型大學，學生選修大學等級的物理、化學、微積分和線性代數，誠如範例一表格中粗體字部分，就是很重要的參考。相反的，對文科型大學來說，選修範例二表格中粗體字的課程，申請該校的邏輯才說得通。

走台灣學制的高中生無法自由選課，但會在高一升高二時決定選組，大略分成一類文組、二類理組、三類醫藥生物組，決定的時間點，相比美國學制在十年級決定興趣走向，其實時間點差不多。

在現行台灣學制讀書的學生，可以在升高一的暑假上網搜尋：高中生培育計畫，現行有開設的機構，如中研院、台大、清大、興大、彰師大、成大、中山大。科目有數學、物理、化學、生物等。如果想證明自己的實力，可以參加 SAT Subject Tests 的考試。

曾有學生帶著申請履歷前來諮詢，我發現他都是拿文科的學分，卻想要申請理工型大學，忍不住問他怎麼會做這樣不合邏輯的決策？這位學生坦承，他的強項是文科，但是父母希望他念理工，理由是將來比較容易找到高薪的工作。

所以選課、選組千萬不要得過且過，或是柿子挑軟的吃，只想輕鬆拿高分，等到申請時才發現策略錯誤，但為時已晚無法補救。除了按照專長選課外，參與和興趣相符的課外活動與社團，

能在大學申請時相得益彰。

尊重孩子的天賦，父母需要平常心

我的三個孩子小時候也曾去鋼琴與音樂的才藝班試聽，但是他們都沒興趣，我也就不勉強。亞洲國家的父母尤其是華人有個迷思，覺得一定要會一種樂器，才能被美國一流大學看見。但是依據我多年擔任面試官的經驗，一窩蜂地學鋼琴、小提琴這些樂器，相較之下孩子並沒有特別之處。我認為要學就要下破釜沉舟的決心，非常優秀才能顯得突出，與其一窩蜂又學得不上不下，不妨嘗試學學比較特別的樂器。至於對音樂沒興趣的孩子，乾脆用相同的時間發展其他的才能。

在這個變動劇烈的時代，沒有學什麼學科是王道、做什麼職業保證賺大錢，或保證不會失業。我身邊不乏案例是父母堅持要孩子讀某個科系，未來非得當「醫師、律師、會計師、工程師」不可，如果孩子沒有興趣，只是照著父母的安排走，經常會鬱鬱寡歡，有的拒絕學習，還有人拿到文憑後，卻把這些證書送給父母，並說：「你們的要求我達到了，所以從今天起，我要去做自己想做的事情。」

把繞遠路花的冤枉錢賺回來也許有可能，但是浪費掉的青春光陰是一去不復返的。千金難買早知道，父母應該理解「每一個

孩子都不一樣」，孩子擁有獨一無二的天賦，要用不一樣的方法
去引導他們發揮所長。

MIT 面試官的提醒

★有留學美國計畫的高中生，在選擇就讀組別、課程或參
與社團活動時，要依據個人專長與志趣。申請美國大學
時，邏輯上要符合過去課程的學習。

★並非一窩蜂地學習鋼琴、小提琴就能受到美國一流大學
的青睞。如果孩子對音樂有興趣，不妨學習一項較為特
別的樂器；如果沒興趣，請讓他按照自身的天賦，發揮
所長。

★有志於藝術的孩子要比一般孩子更忍受寂寞。學習過程
中，父母必須為孩子物色合適的老師、陪同參加比賽，
以陪伴作為對孩子最大的支持。

2-4　教養原則四：父母要努力當榜樣

　　「做什麼行業都有職前訓練，有些還要考證照，可是做父母卻沒有。」親職老師的這句開場白，讓我印象深刻。

　　我二十四歲結婚，一年後大女兒出生，當時年輕加上工作忙碌，對育兒不夠有耐心。等到小兒子讀國中時，才有適合的機會報名親職課，對於課程內容我覺得很有幫助，可惜沒能在孩子更小的時候接就觸到。

參加親職課程，學習怎麼當父母

　　參加媽媽成長班時，講師提出一些親子相處的情境，請在座的家長腦力激盪，譬如媽媽想要做三明治，希望培養小孩分擔家務的能力，是否在準備材料的過程中，就讓孩子一起思考三明治內要放什麼食材？這些食材該怎麼處理？又例如當小孩做了對的事，爸媽要怎麼讚美小孩？一天中讚美了孩子幾次？

　　教養就在日常生活中，而這些平凡的片段稍不留神就錯過了，所以有些親職講師會指定回家作業，要求學員把特定的親子

互動記錄下來。透過作業，讓家長發現許多原則知易行難，更能夠調整自己。

現在只要 Google 關鍵字「親職課程」，就會出現琳瑯滿目的音樂律動、兒童美術、手做 DIY、體適能、親子共讀等選擇，也有很多爸媽將參加課程的心得與紀錄上傳部落格，都可以當作參考。

了解成功案例為何成功

當時除了參加親職課程，我也看了很多成功者的經驗分享和教學書籍，例如綽號「英文小魔女」的台灣英語教育家鮑佳欣，她在一九九五年 GMAT 考試獲得七八〇分，打破世界記錄，托福（TOFEL）成績六六〇分，是台灣地區的榜首。除了主持電視節目，她還出了一系列的英語教學書籍如《英文小魔女在哈佛》、《小魔女哈啦學英文》系列，我自然沒有錯過。

二〇〇〇年，紅遍華文世界的《哈佛女孩劉亦婷：素質培養紀實》一書，由哈佛女大學生劉亦婷的母親執筆，敘述她如何栽培出念美國第一學府的女兒，在當時成為大陸教育子女的「聖經」，甚至也出版了續集。然而「教養聖經」一代換過一代，讀了各家學說，也讓我領悟到一件事，每個家庭的狀況都不一樣，成功經驗可以參考，能適用的就學習，但不必樣樣照著來，搞得

自己無所適從。

不因資訊焦慮症迷航

我曾經去聽一位數學補習班名師的演講，這位名師口若懸河滔滔不絕，忽然間話鋒一轉，談起申請 MIT 要如何如何。我在台下超傻眼，因為我從來沒聽過他口中的招生原則，學校也不曾給面試官類似的指示，於是演講結束後，我去向這位補教名師自我介紹：「我是 MIT 的面試官！」補教名師一陣乾笑，顯然對自己言過其實是心知肚明的。

現代資訊爆炸，新學門、新花樣多到不可思議，家長很容易聽到各種謠言，覺得孩子什麼都要會，要有專長的樂器、體育項目，得參加辯論賽、機器人比賽、做科展、參加科學營……，但一個人一天就是二十四小時，怎麼可能什麼都做？把時間排到超載，孩子根本無法思考。

其實對大學招生官而言，孩子專注在幾項有興趣的活動，比起什麼都沾一點好。而且要專精，最好能提出得獎紀錄佐證，學習跟別人不一樣、特別的專長，能增添大學的多樣性，比一窩蜂跟風更加分。

父母也要多學習並且獨立思考，這是破除謠言最好的方式。「爸媽當年如何如何」這套已經不適用了，我因為擔任面試官，

保持和學生的互動，了解當前的學習目標與趨勢、大學面試需要準備什麼、自傳應該怎麼寫，這樣與孩子們討論申請大學時，他們完全沒藉口說：「你不懂啦！」

讓孩子與成功者交流

有時候父母苦口婆心效果不彰，不如邀請與孩子們年紀相近的大哥哥、大姊姊來分享，雙方也不會有太多隔閡。例如朋友的兒女進了知名大學，我都會舉辦餐會慶祝，並邀請對方來分享，我還規定每一位與會的孩子都要發問。

例如二○○五年面試 MIT 的黃同學，是一位有自信、陽光的年輕人，也是我早期當面試官時遇見的學生。他提到自己的夢想就是去 MIT 留學，大部分的人只是說說而已，而熱愛化學的黃同學會主動上網看 MIT 的課程，他崇拜哪幾位教授、這幾位教授開什麼課都如數家珍，他用行動證明了他非常渴望進入 MIT 學習。

黃同學不是只會讀書的書呆子，他還在爸媽的店裡打工，面試中他談起如何幫忙顧店、應對客人，我聽得津津有味。現代許多父母寧願苦自己不願苦到小孩，但打工讓孩子社會化，變得成熟、獨立，這在申請大學時是一項加分的經歷。

我經常向自己三個孩子提起過去面試的優秀學生，有機會也

安排他們交流。就像黃同學 MIT 畢業後，去了普林斯頓大學攻讀化學博士。我二女兒前往普林斯頓新生報到，剛好是他的博士最後一年，我和女兒參加入學典禮時，也把黃同學這位楷模介紹給女兒認識，讓她對就讀的大學有更多的了解。

若要繼續舉例父母可以努力的項目，那真是三天三夜也說不完。父母不需要把自己逼到窒息，但如果父母工作態度懶散，對家庭環境的維持隨便，也不肯用心安排一家人的休閒生活，假日就倒在家裡睡覺或是不停玩 3C 產品，自己都沒有拿出足夠說服力的身教，怎麼能期待子女自動自發，還可以妥善安排自己的時間呢？

俗語說「有其父母必有其子女」，家庭是最小的社會單位，子女第一個模仿的對象是父母，所以父母也要認真學習、認真生活，勉勵自己活到老學到老，努力做子女的好榜樣。

MIT 面試官的提醒

★孩子若擁有特殊興趣並能日漸專精，佐以參賽的得獎紀錄，在申請美國名校時將加分不少。

★依據自己所熱愛的課程或領域，上網尋找美國大學相關課程，主動學習，等於證明自己的堅持與決心。

★打工的重點不在於賺錢，它能讓孩子與社會接軌，使孩子變得更成熟、獨立。這樣的打工經驗在申請美國大學時是會加分的。

★做父母的別只一味地要求孩子，要從自身做起，努力學習、認真生活，子女才會「有樣學樣」。

2-5 教養原則五：尋找親子溝通的貴人

　　在小兒子五歲的時候，我就成為 MIT 的面試官，三個孩子從小到大 MIT 長、MIT 短聽到耳朵都長繭了。偏偏大部分小孩聽不進去爸媽的苦口婆心，這時找到中間溝通者就非常重要，特別是面對升學關卡時孩子壓力大、父母壓力也大，親子關係緊繃使得溝通更窒礙難行；然而，相同的話從孩子崇拜的大哥哥、大姊姊、老師、家教甚至鄰居阿姨叔叔口中講出來，就是比爸媽「囉哩巴嗦」受用。

　　例如二〇一二年申請上 MIT 的張同學，在就讀國中時，覺得資優班課程與自己的期待不符，張爸爸與張媽媽苦勸兒子不要放棄，即使爸媽說破嘴，張同學仍堅決地表示自己「不念了」，這樣的僵局如何化解？同一社區的鄰居阿姨問張同學：「為什麼不想讀資優班了呢？」並且聆聽孩子對學校環境有哪些不滿，孩子的怨氣發洩完，便可以冷靜地思考──想要鑽研更深奧的數理學科，讀資優班比轉到普通班更有利。因為鄰居阿姨的關懷，張

同學才繼續資優班的學業。

　　教養這回事，真是家家有本難念的經！有些父母覺得教育子女不需要假手他人，甚至擔心把子女的學習困境告訴其他人，會不會變成「家醜外揚」？我與許多 MIT 學生家長交流教育經驗，都不約而同得到這樣的結論──與其讓教養的邊際效益遞減，中間人不只是親子關係的緩衝，甚至會是孩子成長路上的貴人。

中間人 = 親子關係的貴人

　　我們家大女兒的貴人，是一位任教於南加州爾灣、擔任 Barun Academic Center 補習班主任很有經驗的韓裔女性 Yuri。

　　我的娘家在爾灣，每一年暑假我都會帶孩子去探望外公外婆，並且住上一兩個月，適應純英語的環境。美國是孩子們的天堂，一開始報名的夏令營是上午授課、下午自由活動遊玩，我覺得班級的學習風氣太鬆散了，於是物色了新的暑期課程，就此認識了 Yuri。

　　Yuri 紀律嚴明，補習班的孩子們對她又敬又畏，於是我的三個小孩後來都到 Yuri 的補習班上課，我每年去美國探親，都會和 Yuri 討論小孩子的課表該怎麼安排。

　　我的大女兒在小學六年級時，就前往美國與外公外婆同住，比原先計畫「小學畢業後，再去美國念中學」提早了一年。從前

住在家裡，我和大女兒的摩擦不少，她的性格不那麼適合台灣的教育方式，我總為她的學習狀況傷透腦筋，與其在台灣的學制中糾結，不如讓她盡快融入正統的美式教育，才決定提前送她出國。

雖然距離拉遠後，雙方都能喘一口氣，但外公外婆畢竟和爸媽不同，Yuri 得知我大女兒的情況，便特別照顧她。我也與 Yuri 密切通信，告訴她我希望傳達給小孩的想法，大女兒則是豪氣干雲地寫信回來：「媽媽，妳放心，我在學業上才不會輸給這些白佬呢！」

貴人引導孩子進步

在美國，無論大學申請或是就業面試，都非常注重自傳寫作，這也讓美國的補教顧問業越來越興旺，甚至有人雇用專業人士來替孩子寫自傳。但在經驗豐富的大學招生官眼中，一篇自傳是由孩子親自撰寫，還是給槍手代筆，絕對是一目瞭然的，要如何引導孩子不厭其煩地將自傳最佳化，又不要參雜太多「不屬於孩子的東西」，可是一門大學問。

Yuri 很堅持不替學生代寫自傳，她獨創了一套引導方式。例如大女兒在準備申請大學時，每一天都要去 Yuri 的辦公室討論自傳寫作，有幾次遇上撞牆期沒進展，大女兒便沒登門拜訪，Yuri 要求她：「不管妳有多少進度，就算只加一個逗點，都要來

找我討論！」

在討論的過程中，Yuri 把合格的文句圈起來，如果學生對其他應修改的段落沒有頭緒，她就指定參考書籍，讓學生透過大量閱讀，來整理思考脈絡，更清楚地表達自己的見解，又能同步充實基礎知識。

申請大學時孩子坐立難安，家長也焦慮不已，每回快到吵架的臨界點時，大女兒就會喊停：「媽媽，妳想講什麼，就告訴 Yuri 阿姨，再請她轉告我吧。」我雖然有點吃味，但讓 Yuri 這位中間人緩衝，避免我們母女浪費力氣去爭執，是再好不過了！

超越職業頭銜的影響力

縱使是美國一流大學的畢業生，要進入知名企業也是搶破頭。例如我的二女兒就讀普林斯頓，她的書卷獎學長為了進入有「顧問界高盛」美譽的麥肯錫公司（McKinsey & Company），卯足全力在面試前做了一百題個案研究的考古題，才在眾多競爭者中脫穎而出。

在我的大女兒念到 MIT 大四、該準備就職面試時，Yuri 帶著她去買衣服，叮嚀她社會人如何打扮才得體。而美國幅員廣大，在企業面試之前，通常還有電話口試的關卡，MIT 的學生大多是工程師性格，不像哈佛商學院的學生這麼能口若懸河地推銷

自己，大女兒驚覺自己的口試表現不盡理想，阻礙了面試機會，我們母女的結論就是：「快去找 Yuri 求救！」

多虧 Yuri 的幫忙，我的兩個女兒都如願以償進入理想的公司，從事自己喜歡的工作，回顧 Yuri 所做的，解決了許多我在親子溝通卡關時的障礙，遠遠超過一名補習班主任的職責。

業界都知道，麥肯錫是世界上首屈一指的顧問公司，這間公司就是以中間人的角色，提供企業諮詢與顧問協助。知名的《科學》（*Science*）雜誌曾報導戲稱：「如果上帝決定要重新創造世界，祂會聘請麥肯錫。」在孩子的成長過程中，有許多父母親力親為仍難免有窒礙難行的地方，遇到這種情況時，不如由孩子信賴的中間人出面，讓溝通事半功倍。

MIT 面試官的提醒

★當孩子聽不進父母的諄諄之言時，若能有個雙方信賴的中間人協助溝通，將可避免親子衝突，使孩子的成長之路更為順暢。

★一篇真實而文情並茂的自傳，是在美國申請大學和就業面試時非常重要的工具。

★經驗豐富的招生官，一眼就可以看出自傳的真實性，因此，不要找人代筆，也不要加油添醋到失去個人本色。

第 **3** 章
通往美國名校學習成長之路

普林斯頓大學
中古色古香的布萊爾拱門（Blair Arch）。
校訓：她因上帝的力量而繁榮（Dei sub numine viget）。

3-1 參加比賽，習慣時限與壓力

　　我印象很深刻，小兒子幼稚園第一次去參加數學比賽，比賽方式是在三十分鐘內盡量回答問題，結果他因為第一次面對比賽的情境太緊張，整整哭了三十分鐘，一題都沒寫。

　　比賽結束後，小兒子告訴我：「媽媽，我好緊張，所以都寫不出來……」

　　我立刻抱抱他，對他說：「沒關係，這是你第一次參加比賽，媽媽相信你下一次一定會做得更好！」

　　無論兒子的表現如何，我都覺得沒有關係，小小年紀參加比賽，目的並不是要取得好成績，重點是參加比賽的經驗，讓孩子們習慣在壓力下做事情，知道考試和比賽有時間限制，進而懂得怎麼準備、排定訓練計畫表，得到名次只是附加成果。日後配合才藝與興趣，小兒子參加過各式的比賽，包括乒乓球、籃球、游泳，還有圍棋、心算等比賽。

習慣壓力，才能有效放鬆

　　我的大女兒、二女兒只差兩歲，很多活動都一起參加。她們曾與同學一起組隊，參加辦給小學生的「階梯百萬英文數學比賽」，比賽方式是每組中有一人負責答英文，有一人負責答數學題目，我兩個女兒都是負責英文。在各縣市先有筆試，最高分的幾組再到台北參加決賽。

　　當年姊妹倆打入決賽，我就帶著她們從台中到台北。決賽的遊戲規則是答錯就淘汰。

　　當時，二女兒的搭檔搶答了一個英文題，但是沒有答對，讓他們失去問鼎冠軍寶座的資格。二女兒很不甘心，賽後向我咬耳朵：「那一題英文原本我會，但被哥哥（搭檔）搶答了……」

　　我試著安慰並撫平她的情緒，說：「媽媽知道妳很厲害，哥哥知道他搶答妳會的，卻答錯了，他也很難過……」參加任何比賽，能力、實力、機運等，有很多因素都會影響競賽時的表現，一旦結果不如預期，孩子要學習面對處理自己的情緒。

　　我認為在孩子年幼時，父母要創造一些適當的機會，讓他們了解什麼是壓力，才能知道怎麼面對壓力。伴隨壓力而來的可能是榮耀或失落，父母也要引導孩子，在受到這些情緒煎熬後如何恢復平常心，讓小孩學會有效放鬆，再面對下一次挑戰。

不可迴避的比賽

由於小兒子和兩個姊姊的年紀差了幾歲，一個人比較寂寞，我盡量替他找伴參加比賽和活動，找不到就自己去，也是一種培養獨立的方式。

如果孩子未來的目標是藝能型的大學或專科學校，那比賽紀錄就更重要了。比賽不見得是唯一證明實力的方法，但絕對是具有參考價值的指標，「不公開作品的畫家」、「不演奏給別人聽的音樂家」、「不上場競賽的運動員」在邏輯上是不成立的，也禁不起檢驗，所以絕對不能逃避比賽和競爭。

但比賽不單純是孩子的事情，家長也必須投注很多心力，例如協助孩子排定訓練計畫、尋覓師資或教練，甚至是安排前往比賽地點的交通方式等，都需要家長的支援。

對家長而言，孩子年紀尚小的時候，不妨以開放的心態多多參加各項比賽，一方面透過學習與準備，探測孩子的才能與興趣所在；另一方面可強化孩子面對挑戰的心理素質，經驗越多，越知道如何在壓力情境下自處。

除此之外，透過比賽可以觀摩優秀參賽者的成果，這是很好的機會教育，讓孩子領悟如果也想要有好的表現，就需要花時間投入與努力。

等到孩子較大時，就專注在擅長的才藝與賽事。獲獎的話，不僅有獎勵，也得到自我證明。即使沒得獎，也是很好的學習，可以檢討不足的地方，改善相關技巧。比起成功，有時候失敗帶來的收穫更多！

小兒子的一個故事頗值得分享。他小時候因為某些音發不出來，小學時曾接受專業矯正，進入美國學校後也有語言輔導。剛開始時曾被同學嘲笑過，但因為他人緣很好，在發音方面也特別留意，便不再有什麼困擾。

後來，我鼓勵他參加學生自治會，這對領導能力是很好的磨練。九年級時，小兒子一有機會就觀察別人的演說。到了十年級時，他果真出馬角逐學生代表，為了寫他的演說上了網觀看許多影片，學習上台演說的技巧；在台下分析其他講者的表現，並大量自我練習。他還請姊姊聽他演講，回饋意見，然後自我改進。最後他在全校兩百多位師生面前發表競選演說，爭取選票，結果順利當選。對於他能跳脫原本的限制，透過學習與努力，在演說這件事上脫穎而出，我為他感到非常驕傲。

真實經驗是最有效的練習

人生無處不是比賽，專業項目自有一套練習方式，但來到大學面試這一關，成績、得獎紀錄已經條列在申請書中，比起討

論自己的硬實力，更加考驗臨場反應等軟實力。二〇一一年申請 MIT 的徐同學，現在也是獨當一面的入學面試官，他分享了自己在大學時經過一些工作面試後，得到的結論：「模擬面試只幫得到一定的程度，最有效的練習，往往是真槍實彈的經驗！」

徐同學大三的暑假在找實習工作，由於每一家公司都會提出技術性的問題，很多同學都忙著翻閱市面上的技術性書籍、做考古題，看似做好了萬全準備，「但說穿了，就算你書上的問題都會解，臨場反應卻是書裡教不了的，只能靠經驗。」徐同學表示，當時他的大學課業與活動都十分繁忙，沒時間特別準備，反倒藉由多次面試的經歷磨練了面試的技巧。

幾場面試下來，徐同學越來越懂得應對進退，在穿著打扮上也掌握了商務便服（business casual）風格，能夠自然得體地替換西裝外套、襯衫、西裝褲三項正式服裝元素的其中一項，最終拿到理想實習工作的聘書。有了幾次的面試經驗，他習慣面試的壓力，並抓到訣竅。

當你有備而來，又累積了一些經驗，自然不會因為緊張而表現失常。尤其大部分台灣的面試官對高中生都十分友善，會從旁協助學生化解壓力，闡述自己想傳達給大學的故事。

回到大學申請這一關，把面試官當成「前輩」和「戰友」，面試官是在幫助學校物色優秀的學生，不是要出刁鑽的考題考倒

人。當你放鬆後，不只整個人顯得有自信，想要表達的重點也會
自然而然地流瀉出來。

MIT 面試官的提醒

★孩子年幼時，不妨為他們「製造」一點壓力，例如參加
　比賽，排定訓練計畫、做好準備，也學習面對榮耀或失
　落，處理情緒，迎向日後的挑戰。

★比賽不見得是唯一可以證明實力的方法，但具有參考價
　值。讓孩子多參與各種比賽，增進知識與技能，並從中
　找到興趣所在。

★比賽可以強化孩子面對壓力的心理素質，並有機會朝向
　專項發展。

★將大學面試官視為「前輩」和「戰友」，而非足球守門員。
　正向的態度讓你顯得有自信，也能侃侃而談。

3-2　推薦信：禮貌待人接物幫大忙

　　整個十一年級期間，就要緊鑼密鼓地準備申請大學，學生必須在此時物色替自己寫推薦函的兩位人選，而且是老師（最好是十一年級的）。推薦信在美國大學申請的過程中至關重要，藉由推薦人的眼睛，觀察一名學生的課堂表現、課外活動、社區貢獻、個性，搭配學業成績來判斷這位同學會成為怎麼樣的大學生。

找對的人幫忙寫推薦信

　　常見的問題是，許多學生額外再多請一位名人寫推薦介紹信，但一切都要符合該大學對於推薦信數量的規定。很多人以為額外的名人推薦有用，事實上，名人推薦的重點不在名人，而是對方對你的了解，真的能寫出你的特質，例如你在他公司實習的具體表現，這樣的名人推薦才有效果。

　　以美國的學制而言，在高中擔任升學諮詢的是輔導老師（counselor），公立學校一個年級設置一名輔導老師。我的大女

兒在美國就讀公立高中，一個年級平均有四百名學生，輔導老師的人力有限，很難深入認識每一位學生。幸好我的大女兒一直擔任學校樂團公演的票務義工，樂團的指導負責人是副校長，注意到這位每次樂團公演必到又負責任的學生，相當肯定她的服務精神，因此替她執筆申請大學的輔導老師推薦信（secondary school report）——事後副校長表示，我的大女兒是該高中第一位進入 MIT 的學生。

多數學校要求兩封推薦信，但還是要依照所申請大學的規定。至於是要由哪個科目的老師來寫，以 MIT 為例，MIT 期待招收到跨領域人才，要求學生分別提供人文學科、數理科師長的推薦信。通常我建議學生去拜託核心學科如英文、數學、科學、第二外語或歷史老師，推薦信由越熟悉的老師執筆越好，在十一年級執教、關係緊密的老師往往最能呈現學生的學習近況。

推薦信老師的最佳人選

到底要請哪位老師來寫推薦信，好助你一臂之力進入理想大學？

以下是選擇最佳推薦老師的準則：

● 你在那一科獲得好成績。

- 老師非常了解你。

- 老師對你有好印象，很喜歡你。

- 老師不僅教過你，而且在課外活動中指導過你。這樣更好！

- 老師教過你好幾次，例如在九年級與十一年級時。

- 請那位最喜歡你的老師寫推薦函，未必要請你得到最高分科目的老師。當然兩者並不衝突，如果是最喜歡你，而你也在老師所教科目中得到最好的成績，那就是最理想的推薦老師！

充足準備，禮貌開口

大學推薦信可以是影響一生的重要文書，任何人都不希望被草率對待，中文古諺說：「人必自重而後人重之。」意思是人必須懂得維繫自己的人格操守，才能贏得別人的尊敬，所以學生應該自我要求：先做好充足準備，才向推薦人開口。

在請人撰寫推薦信之前，準備好成績單、自傳與作品集，提供這些資訊給推薦人參考，並且和推薦人討論你的目標學校與申請策略，讓對方能夠對症下藥，寫出符合大學期待的推薦信。

同學應該要有正確的觀念——寫推薦信是你在拜託別人，而且是請求長輩幫忙，師長必須從繁忙的行事曆中撥出時間，才能寫一封文情並茂的推薦信。面對臨時又唐突的拜託，他們當然有

權利拒絕，雖然許多老師都會同意執筆，但請對師長的允諾懷抱感恩的心，切勿預設任何人有義務替你的大學之路效勞。

給師長充足的時間下筆，建議在十一年級結束之前，拜託十一年級的老師寫推薦信，這樣老師就可以在暑假期間撰寫，而不會太趕。千萬不要把推薦信拖到十萬火急！。

禮貌幫大忙

二〇一五年錄取 MIT 的林同學，高中時期旁聽過清大經濟系教授的課，林同學課後也會與教授交流討論。在大學申請結果出爐後，因為屢次致電教授卻無人接聽，林同學便與母親一起前往清大，打算當面向教授致謝。

後來林同學、林媽媽在系館巧遇教授，這位教授驚喜不已，頻說：「我聽林同學提出的問題，還以為他是大四生，沒料到是高中生！」至於教授為何不接電話，原來是系上有學生缺課太多，期末考成績不及格，教授打算當人，除了得寫報告向學校主張自己當學生的合理性，學生家長還頻頻來電疲勞轟炸，軟磨硬泡教授「不該當掉自己的小孩」，讓這位教授聽到電話鈴響就害怕，索性不接以「捍衛教學原則」。原本心情惡劣的教授，因為學生及家長的一句謝謝，總算笑逐顏開：「從事教育是有希望的！」

這些過來人的親身經驗證明：禮貌為困難的事上了潤滑油，不只讓別人樂於助你一臂之力，也能調劑群體的氛圍，維持正向的交流與思考模式。

所以一切流程跑完後，無論大學申請結果如何，記得感謝推薦人。就算無法親自拜訪，寫一張感謝卡給推薦人，是展現你成熟又有責任感的雙贏策略。

MIT 面試官的提醒

★申請美國大學，推薦信至關重要。

★推薦信由越熟悉、越喜歡你的老師來寫越好，尤其是教英文、數學、科學等核心學科目與你關係緊密的老師，他們最能在信中呈現出你的學習狀況。

★邀請名人寫官樣文章式的推薦信未必有用，真正了解你並能點出你的特質的名人推薦信才會有用。

★委請老師或長輩撰寫推薦信前，備好成績單、自傳與作品集供對方參考，並預留充足的寫作時間。若能一起討論你所欲申請的大學以及申請策略，對方更能依據你的目標，寫出符合期待的推薦信。

★無論申請結果如何，一定要向為你寫推薦信的師長致謝。無法親自拜訪時，也要送上一張謝卡。

3-3　課外活動：專長貴精不貴多

　　「讀書都來不及了，哪有時間玩？」在亞洲社會，不少望子成龍望女成鳳的父母，認為學科成績就是一切，限制小孩課餘時間參加社團，甚至認為學校園遊會、體育賽事都在「浪費時間」，小孩子除了讀書什麼都不准碰。相較之下，西方教育更注重全方位發展，單純的書呆子經常被美國一流大學拒於門外。

　　在二○○七年申請上 MIT 的王同學，就建議想要申請常春藤盟校的後進，在高中時期應拓展各方面的經驗，無論是學術或是課外的活動，不只探索自身的興趣，也在申請履歷上與面試時有更多故事可以說。

專注於自己的興趣，發展成專長

　　「萬般皆下品，唯有讀書高」的另一種極端，是家長期待孩子什麼都要會。

　　有的家長看到特定名人因為彈鋼琴、拉小提琴、打高爾夫球進入世界名校，就誤以為只有這些才藝能幫助孩子申請大學，便

無視小孩的興趣和天分，花了許多冤枉錢逼小孩不快樂地學習。有的從媒體報導得知機器人設計、發明展這類新興競賽，便要求子女非參加不可。或是誤解了大學所謂的「服務精神」，迷信志工經驗就是跑越遠越好，例如請代辦將小孩送去非洲，拍幾張參與當地社區營造的照片，其實大都在玩套裝旅遊行程。

課外活動很重要，但應該回到參加的初衷。一般而言，課外活動或社團可以分為幾大類：音樂、運動、劇團、舞蹈、學生議會、辯論、校刊、機器人、義工等。在大學招生的標準中，沒有哪一類比另外一類更好或更重要。畢竟每個人時間有限，不可能樣樣都參加，因此可以選擇有興趣的兩三種課外活動，但是其中至少要有一種隨著時間與精力的投入，而變得專精。

在選擇課外活動時，不是去設想哪一種活動或社團對於未來申請大學有利，而是要知道自己真正喜歡、能夠燃燒熱情的是什麼。擁有獨特與眾不同的專長，也有加分，但這不代表就不該選擇傳統熱門的活動，重點在於：那是自己有興趣與熱情的，透過投入與參與，成為了一項專長，讓自己從眾多從事相同活動的學生中脫穎而出。

此外，從大學的角度來看課外活動，無論是特殊專長或傳統才藝，大學思考的是：這能給學校帶來什麼貢獻？有個案例可以說明，某位高中生不僅優秀，還是美國乒乓球奧運選手，她自

認為進入普林斯頓是因為乒乓球。多年後，由於申請的評估文件開放調閱，她看到當年某位審查員的意見：「我們需要乒乓球選手嗎？」因為普林斯頓沒有乒乓球校隊。從這個案例可知，學校對於人才的具體需求，未必能夠預測。每年招收學生的專長方向也會不同，例如某校去年錄取了一名學生是高爾夫球選手，今年不會再收這方面人才，因為球隊沒人畢業；或者樂團的首席小提琴手剛畢業，今年學校有此人才需求，這些都是無法預測的。也因此，在參加課外活動或社團時，應該選擇自己最有興趣與熱情的，並讓它成為一項專長，對自己最受用。

如何讓課外活動為申請履歷增色？

有熱情且深刻的社團與課外活動經驗，能夠與你的大學自傳相得益彰。我的二女兒沒有音樂專長，但她熱愛跳舞和辯論，為了增加自己的實力，她會在暑假報名參加跳舞營和辯論營，並且與學校團隊一起參加表演或比賽。

鑽研一、兩項興趣，有長期投入相關課外活動的實績，或是完成了重要目標、獲得獎項，並在其中展現領導能力，絕對勝過參與多不勝數的活動，卻只是沾沾醬油或一知半解，這樣的學生經常在面試時藏不住破綻，很容易就被刷掉。

除了社團活動，從打工中有所學習、體會現實社會的甘苦，

也能讓你的自傳與眾不同。

例如二女兒高三暑假時去鼎泰豐打工，在上班的第一天，鼎泰豐的前輩搭著她的肩膀、直視她的雙眼，給了一個充滿職場智慧的無價提醒：「這是大人的工作量，不是高中生輕易做得來的。」

拿一個茶壺四處走，看到空的茶杯就倒滿，看似再簡單不過，任何人都做得到——二女兒也曾經這麼以為，但是開始工作之後她才發現，原來其中也是大有學問的。

在鼎泰豐的獨特打工經驗，讓二女兒寫了主題訂為 "The Art of Refilling Tea"（倒茶是一門藝術）的自傳，將鼎泰豐如何訓練第一線員工，以及當服務生大不易的體悟娓娓道來。這篇自傳得到全美排名第一的文理學院威廉斯學院（Williams College）招生辦公室主任（Richard L. Nesbitt）的青睞與讚賞，他還特別親筆回覆：「寫得真好！我從你的佳文中見識到了許多先進的茶飲服務方式。」

由此可知，想寫出引人入勝的精彩自傳，重點就在於，要能以獨特的生活經驗為素材，撰寫出獨一無二的文章。最好避開太常見的主題，除非自認為能夠將尋常題材處理得非常高妙。

課外活動與自傳相呼應

進行大學申請時，高中的豐功偉業應該已在申請書上說得一清二楚了，比起向面試官強調自己有得獎奪牌，更重要的是清楚傳達你的個人故事。

要如何引起面試官的興趣，有效傳達「自己的故事」呢？二〇一一年申請上 MIT 的徐同學分享了寶貴經驗，他在面試前兩三週，找一個較空閒的週末，把自己的申請書，尤其是自傳部分，靜靜地讀一遍。然後試著以大學評鑑委員的角度，去看這篇自傳。徐同學的換位思考練習，讓他發現無論自傳寫得多麼完整且生動，礙於文字限制，還是有一些缺漏。

就算找不到任何缺點，自傳仍專注於某些經驗或興趣上，不可能讓面試官看透一個人高中生活的來龍去脈。

徐同學建議，此時便要做一些策略性思考。假設自傳的重點，是參與某個社團的幹部經驗，學生可能不會提到自己為何要參加這個社團，如何和學校主任溝通社團的需求，或是如何在課業與課外活動之間找到平衡點之類的趣事與細節，而這些就是可以借題發揮的關鍵。

徐同學先羅列了自己發現的問題，然後請家人朋友再提出幾個，整理出四到五個重點問題後，接著排列優先順序來進行準

備。藉由重新檢視自傳、深入討論個人的課外活動，學生更客觀地檢視了自己的申請書，也能猜測評鑑委員和面試官可能會有的問題，而且就算對方不問，學生也可以主動提起，讓面試的話題更豐富。

MIT 面試官的提醒

★想要申請常春藤盟校，自中學時期即應拓展學術或是課外活動領域，既能探索自身的興趣，也能讓成長歷程豐富多采，日後自然會有精彩的履歷。

★參與什麼樣的課外活動，具有何種特殊專長或才藝，才能獲得美國名校青睞？其實每一所大學每一年的人才需求都不同且無法預測。與其盲目押寶，不如選擇自己最有興趣與熱情的課外活動，培養成自己的專長，才是最受用的。

★面對大學面試官時，不宜重複申請書上已清楚載明的得獎紀錄，應該想想如何講述個人的成長故事。

3-4　成績為主，活動為輔

　　申請大學必須提出有意義的課外活動實績，但成績仍是大學招生的主要考量，課外活動只是輔助。

　　申請美國一流大學的競爭者眾，好成績能讓你通過第一關。相較之下，一名參加了大量課外活動的學生，但學科成績未達錄取標準，很容易在第一關就收到拒絕信。

　　即使申請的是藝能型大學，如美術、音樂、體育學院，也不能棄守成績。藝能型大學比的不光是專科技能，想精通樂理、藝術史，必須有好的數學以及語文底子；想在體育賽事上有好表現，必須學習量化、精密的運動管理，更不用說現代的作曲、劇場設計，寫程式是基本功，不能拒絕資工相關的學習。中學成績好，就是直接告訴招生官：「我有能力應付大學更艱深的學科。」

挑剔的美國一流大學

　　依照近幾年的統計數據，哈佛大學的申請錄取率僅五％左右，二〇一八年甚至已經跌破了五％，不僅是全美最挑剔的學

校，寄出的拒絕信在常春藤盟校中也是數一數二多的。哈佛宣稱它所錄取的學生都是在高中排名前十％到十五％，而且優異程度無上限，頂尖的申請者們都選修過最嚴苛的課程。

MIT 是理工領域的頂尖學府，向來很重視數據，對於所錄取學生的成績進行了一番客觀分析。儘管數字不能說明一切，但是錄取結果的資料多少提供了一些重要訊息，值得參考。以二○一八年秋季班為例，大一新生的申請人數為 21,706，錄取人數是 1,464，錄取率僅有六‧七％。其中美國公民與有繳稅的長期居民的新生申請人數為 16,992，錄取人數是 1,349；而國際學生的申請人數為 4,714，錄取人數是 115。換句話說，國際學生的錄取錄只有二‧四％。至於學生的成績分數，MIT 也做了相關的數據分析，可到 MIT 官網近一步了解：http://mitadmissions.org/apply/process/stats

強而有力的自傳、深具意義的課外活動、文情並茂的推薦信，甚至是學生的家庭背景和社經地位，都會在申請大學時推人一把。但當我們不確定自己是否夠重要、夠有影響力，或是有傲視群倫的特殊才藝時，在申請大學時提出好成績，仍是最保險的。

MIT 的敲門磚：國際科學奧林匹亞競賽、英特爾科展

對英語非母語的國際學生而言，語言障礙明顯墊高了 ACT 與 SAT 考試的難度，所以 MIT 招生處更注重學生的在校成績，以及是否在科學與數學領域有出色的表現。MIT 最頂尖的申請者，通常會選修大學級的物理、化學、生物和微積分，並且在數理競賽上有獲獎紀錄。

我請通過面試、申請上 MIT 的同學們回想，哪一段人生歷程，是幫助他錄取 MIT 的重要關鍵？大家不約而同地認為是在國際科學奧林匹亞競賽奪牌。

二〇〇五年面試、也是第一位高雄中學錄取 MIT 的黃同學指出，他在高二時參加國際化學奧林匹亞，除了有機會接觸進階的化學理論及實驗外，在比賽過程中還認識了來自各個國家的選手，「這也加深了我出國留學的動力。」

從實質面分析，能夠代表國家出賽，在大學申請的程序中是一項很有力的佐證。二〇〇七年面試、第一位從台中一中申請上 MIT 的王同學，是當時最年輕的奧林匹亞國家代表，並且拿下物理奧林匹亞金牌。王同學指出，他高中時期就讀數理資優班，因此涉獵各種數理競賽與活動，這些經歷讓他更確信數理是自己的熱情所在，這對錄取 MIT 有很大幫助。

除了國際科學奧林匹亞競賽，也有不少國際學生向 MIT 提出英特爾國際科技展覽會（Intel International Science and Engineering Fair，簡稱 Intel ISEF）的獲獎紀錄。Intel ISEF 是世界上規模最大的中學生科學競賽，在二〇一八年共有八十一國、一千八百位學生角逐這場科學界的世界盃。

「做自己最有興趣的事」

攤開台灣錄取 MIT 學生的得獎紀錄，是洋洋灑灑的奧林匹亞獎牌與英特爾科展一等獎。目睹走在前面的強者，讓許多學生與家長焦慮起來，到底該衝刺哪一個項目？會不會努力到最後，卻呼應青春電影《那些年，我們一起追的女孩》女主角沈佳宜的名言：「人生很多事情，本來就是徒勞無功的啊。」

面對這樣的焦慮，二〇一五年面試、錄取 MIT 的林同學分享，自己獲得數學、物理奧林匹亞獎牌的榮耀，是從小受到老師們的教導啟發，和同學們相互支持、一起努力達成的：「所以我認為不需要刻意、強求地追尋某段特定的經歷，來為自己寫履歷。」

要比分數，真是一山還有一山高，所謂「成績好」，到底要怎樣才算好？我建議想申請美國大學的同學們，先研究理想學校的錄取成績、歷史數據，然後為自己設定目標，要考得比

該校錄取中位數更高，維持既有的優勢，針對不足之處補強。

　　每一個孩子都有獨一無二的天賦，做自己最有興趣的事，就會產生在這個領域追求更好表現的企圖心與榮譽感。如何在追求成績時維持平常心？我覺得林同學的觀點非常值得參考：「應該先想想，什麼對自己來說是有趣、特別想做或想學的。做自己最想做的，才是最好的經歷，也會是很棒的回憶。」

MIT 面試官的提醒

★自傳、課外活動、才藝、推薦信、家庭背景和社經地位，在申請大學時可以為你加分，但最關鍵的還是要有優異成績。

★學科成績仍是美國一流大學選才的第一關，即使深入參加了大量課外活動，但學科成績未達標準，根本過不了第一關。申請美術、音樂、體育等藝能型大學時，也不能放棄學科成績。

★申請美國大學之前，先收集目標大學歷來的錄取成績，補強自己的弱項，至少要達到該校錄取成績中標以上，才能取得申請優勢。

★ MIT 所錄取的頂尖學生，通常在高中時就會選修大學級的物理、化學、生物和微積分，大多也參與過奧林匹亞競賽，或是英特爾科展，並有獲獎。

3-5　引導孩子喜歡上學科

「我的孩子最討厭數學了，買了參考書給他，卻一題都不肯寫，根本浪費錢啊！」

「買了參考書、送去補習班，小孩說他上課都有聽懂，還是考得一塌糊塗，這是要怎麼辦？請家教來盯著有沒有用？」

「我家那套課外讀物，孩子碰都不碰，但他拿去學校借同學，同學都搶著看，為什麼會這樣呢？」

「別說什麼英文、數學、國文了，現在小孩已經不看書了，只對滑手機有興趣……」

這類擔憂孩子不喜歡念書的父母經，可以無限接龍下去，絕大多數亞洲父母都很注重孩子的課業成績，當小孩表現得不盡理想，甚至表明「最討厭這些科目了」，父母真恨不得世界上存在一種仙丹，讓孩子吞下去就愛上念書。

要如何引導小孩喜歡上英文、數學或其他艱澀學科，進而讓他們自動自發敦促自己「做得更好」？不能等孩子出現學習問題，才頭痛醫頭、腳痛醫腳，父母需要有計畫地協助孩子去探索、

專精，並且克服問題。不同的成長階段要採取不同的方法，我自己比較傾向不去檢查細節，而是用大原則來引導三個小孩。

國小、中學、高中的階段性目標

一、小學時期：廣泛接觸

1. 閱讀再閱讀

2. 讓孩子探索自己的興趣

3. 打造學習英文的環境

4. 養成好的生活習慣

5. 教導做人處世的原則

二、中學時期：深化學習

1. 閱讀再閱讀

2. 讓孩子將興趣培養成專長

3. 透過公益行動學習關心別人

4. 養成自主念書、學習的習慣

5. 了解高中的學習如何銜接大學

三、高中時期：厚植實力

1. 閱讀再閱讀

2. 加強溝通技能

3. 透過參加符合專長的社團、課外活動，培養領導力

4. 維持好成績

5. 研究與了解有興趣的大學科系

　　人的成長階段是環環相扣的，父母希望孩子知書達禮、敬重父母與長輩、會獨立思考，從小就要教導孩子說「請」、「謝謝」、「對不起」，觀察哪些場合應該怎麼應對，拿捏與人互動的分寸，隨著年齡漸長，會關心別人與團體事務、懂得溝通，到了高中階段，就比較容易在同輩中展現領導能力。

　　讀書求學也是一樣的道理，希望孩子的注意力不要只被 3C 產品的聲光娛樂效果吸引，父母必須去尋找適合的讀物或教材，讓孩子廣泛接觸、探索自己的興趣，透過有趣的故事，孩子就比較容易喜歡閱讀。

　　孩子的偏好和大人不同，當年為了讓三個小孩愛上英文與閱讀，我四處尋找英語兒童讀物，而美國圖書館協會（American Library Association，簡稱 ALA）設有專門評選優良兒童文學作品的紐伯瑞獎（Newbery Medal），得獎作品的書封會貼上金色、銀色、古銅色的徽章，圖書館通常很快收為館藏。擔心買了書孩子卻不看的家長們，不妨先借閱，多試幾次水溫。

　　要讓孩子養成好習慣，一旦建立起好習慣，孩子就容易銜接並擴充這些特質。除此之外，我覺得父母還有一項重要任務，就

是幫助孩子建立自信心。

幫助孩子建立自信心

回頭思考「大女兒數學考十七分」這件事，成績當然不代表一切，但分數給孩子與同學比較的基準，如果經常落後，仍說「無論考幾分、第幾名都不會影響孩子的自信」恐怕太過理想化。身為父母在發生危機感的同時，也不能太過灰心、悲觀，假如因為成績就萌生「放棄孩子」的念頭，孩子內心所受的創傷會更難彌補。

當時對於大女兒的困境，我們家討論出的辦法，就是徹底改變學習環境。美國的教育制度讓大女兒「相信自己做得到」，因此她的語言能力、學科表現很快追上同學。當孩子發現自己有能力表現得超乎團體平均時，通常會更有自信，在良性循環下也就能夠表現得更好。

再以二女兒為例，她小學六年級時轉進台北美國學校，校方規定先前受中文教育的學生，都要上 ESL 學程，當時二女兒想選修跳級的數學課程，但也是礙於規定不行。二女兒覺得 ESL 內容太簡單，她在英語課程的表現，比不需要上 ESL 的學生還要好，加上她在之前就讀的國小，曾經拿到英語朗讀比賽第一名，對自己的程度很有自信，一學期後就通過 ESL 的結業考試。

尋找激發孩子潛能的老師

到了中學時，二女兒數理與文科的學業表現都相當好，她也一樣喜歡這些科目，而讓她真正愛上文科的轉捩點，是九年級的英文老師。

當年二女兒不太適應數學老師的教法，但英文老師把課程帶得生動有趣，並且十分激賞她的寫作能力，還找到了全美初高中藝術及寫作大賽的比賽資訊，鼓勵她去投稿。九年級時，她第一次投稿就拿到一等獎。到了十年級，我再鼓勵二女兒投稿，但她並沒有太多時間撰寫新題目，當時為了應付我，她就拿出八年級寫的作文送去比賽，也得到二等獎。之後每年投稿都獲獎，因此她在修課以及之後申請大學時，以文法商知名的學校為目標，MIT 等理工型大學便全部略過了。

找到激發孩子潛能的老師很重要，二〇一五年申請上 MIT 的林同學，在台中惠文中學遇到一路伴他研究數學的陳老師。很多人好奇以林同學的資質，為何不念台中一中資優班，或是跳級念大學？林媽媽表示，惠文中學是社區型高中，名氣沒有老字號公立高中大，不過校方提供了許多彈性，林同學能自主學習外，也遇到可以深入討論的老師。當林同學和陳老師討論起數學時，旁邊的人形容：「雖然這兩個人講的是中文，聽起

來卻和外星話差不多！」

千里馬要遇到伯樂，必須有一些機緣，即使是備受好評的名師，授課風格也不見得適合每個孩子。如果孩子還沒遇到能激發他們潛能的老師，家長可以從旁協助並多加打聽，讓孩子去試聽課程，但不要越俎代庖替孩子決定。

除了伯樂老師，還能找到興趣相投又能一起努力的同伴會更好。林同學在參加小學數學競賽中遇到他的伯樂——九章數學基金會的孫老師。孫老師啟發了林同學對數學的熱情，更引導林同學領悟到，想要擁有更精深、更廣泛的知識，必須學會自我學習、自我思考。每週六林同學的媽媽都會陪著他到台北和一群熱愛數學的同好，在孫老師的引導下一起討論數學。這也奠定林同學在國三獲得數學奧林匹亞金牌的基石。目前在MIT 就讀的陳同學、余同學也都是數學同好會的一員。

每一科都補習等於重複上一遍相同的課程，浪費時間也沒有效率。讓孩子主動表達自己「想要加強哪些部分」，學會如何取捨，這也是培養孩子自主學習與思考的方法之一！

MIT 面試官的提醒

★培養孩子的閱讀習慣，讓孩子依興趣自行選書，而非由父母決定該讀什麼。

★在閱讀喜好不明時，先到圖書館借閱不同種類的書籍，探測孩子的喜好，之後讓他們自行選擇，才能漸漸愛上閱讀。

★父母必須幫助孩子建立自信，當學習成績不理想時，應適時調整學習環境、轉換學習目標，甚至找到能夠激勵、引導他的老師，或者興趣相投的同伴。

★當孩子的學業表現提升，或者超越團體的平均值時，便能重獲自信，表現也會越來越好。

★鼓勵孩子自主學習與思考，讓他們主動表達想要加強的學科或能力。

3-6 申請美國一流大學的作戰時間軸

想要申請美國一流大學，學生在高中階段除了維持好成績，繼續大量閱讀，並且持續參與有興趣的課外活動，建議爭取擔任社團幹部，來展現領導能力，深化英語溝通能力，並且著手研究有興趣的大學。

升上十一年級的暑假，就要緊鑼密鼓開始準備。一般大學申請需要歷年在校成績（grades）、SAT 或 ACT 的考試成績（standardized test scores）、課外活動（extracurricular activities）、自傳（application essay）、推薦信（letters of recommendation）與面試（interview）這六個項目，如果是申請音樂、藝術學院，還要另外準備作品集或錄音錄影，每一個項目都非常花時間心思，千萬不要想到什麼就做什麼，那只會被各種時間底線追著跑。

我從小就是一名計畫狂，凡事都喜歡做計畫，如果學生或家長對於何時該做什麼茫然無頭緒，以下是我建議的計畫表。當然，公式表格提供參考，大家還是越早擬定自己的計畫表越好！

MIT 面試官建議的時間計畫表

年級	學期	行動方針
升十一年級（高二）的暑假		有充實的暑假活動 準備 SAT 或 ACT 考試
十一	上	報名 SAT 或 ACT 考試 著手列出有興趣的大學校系清單
十一	下	去蕪存菁有興趣的大學校系清單 考 SAT 或 ACT 考試 好好研究並安排暑假活動，申請暑期活動 在學期結束之前，商請老師幫忙寫推薦函
升十二年級（高三）暑假		有充實的暑假活動 動筆寫自傳 確定要申請的大學校系，並且研究相關入學規定 向申請上目標學校的學長姊請教經驗
十二	上	把握考 SAT 或 ACT 考試的最後機會 追蹤推薦信的進度、輔導老師的報告（counselor report） 維持在校成績 完備所有申請大學的要求項目，追蹤到申請截止日 若學校有提供助學金，請在這階段完成申請 確認申請的大學收到所有資料 送出在學成績單
十二	下	收到入學通知 決定你要去哪一所學校 送出最後一學期的成績單 每年五月一日是訂金關帳日，請在這之前繳交 若你的身分是國際學生，務必要申請學生簽證 擬定前往美國的時間表，做好相關生活計畫

申請大學是一場長期抗戰，有很多待辦事項，但學校課業、成績也要維持。即使在校成績都是九十分，也就是美國學制的「Ａ」，但每一間高中的素質不同，在甲高中拿「Ｂ」，在乙高中說不定能拿「Ａ」，所以學生必須通過「聯考」，美國體制的「聯考」有 SAT 和 ACT 兩種，通常美國大學都是建議學生二擇一。

考 SAT、ACT 別拖，也別考太多次

SAT 與 ACT 的考試都是從既有題庫中出題，因此學生一定要做考古題，坊間也有許多補習班，但近年來頻傳洩題風波，以時差進行集體作弊。二〇一七年泰國電影《模犯生》（*Bad Genius*）描繪學霸主角飛往澳洲雪梨考試，依靠超強記憶力將題目與答案背下來，在泰國開始考試前回傳題目到買主手中。電影中不乏各種戲劇性的轉折，但也反映出部分考生與家長為求高分，幾乎是無所不用其極。

作弊問題造成二〇一六年 SAT 取消中港澳地區考試，二〇一八年一月台灣區的 ACT 也宣告取消，許多擔心考不成試、太晚報名搶不到考場的家長，甚至買機票送小孩出國考試。所以學生千萬不能拖延到十二年級上學期，在最後一刻才報考 SAT 或 ACT ！

當然，SAT 或 ACT 是越高分越有機會申請到好的美國大

學。為了保險起見多數學生會考兩次以上。但也不要考太多次，有一位來申請 MIT 的學生總共考了五次，面試時我問他為什麼要這樣做？他說：「我想考到滿分為止。」我當面告訴他沒必要這麼做，同樣的精力放在其他項目的準備上，邊際效益更大。

根據美國各大學公布的最新消息，似乎出現了一股趨勢，逐漸有大學不再要求學生提交 SAT 或 ACT 成績，例如芝加哥大學。儘管如此，我誠心建議學生要去考，因為大部分的學校還是將 SAT 或 ACT 成績列入評量，當其他申請者有提供，相較之下沒有考的學生就居於劣勢。

美國大學要求的考試項目

	ACT	SAT	SAT Subject	TOEFL
大學申請要求	二擇一		通常要求兩科，雖然部分學校並不硬性要求，還是建議去考	在美國學制學校受教育低於五年、非英語系國家學生需準備
網址	www.act.org	www.collegeboard.org	www.collegeboard.org	www.ets.org/toefl
考試次數建議上限	3 次	3 次	每個科目 2 次（最好只一次）	未限制（但最好不要多於三次）
是否能取消成績登錄	可以，在考試後立刻決定	可以，在考試後立刻決定　若用傳真或郵件書面模式取消，必須在考試後下個星期四的午夜 11:59 前寄到		可以，在考試後立刻決定

注意！參加考試的大原則：有準備才去考！

提前決定？提前行動？一般申請？滾動申請？

升上十二年級的暑假，學生就要緊鑼密鼓地進行大學申請。美國大學的申請大致上可分為提前決定（Early Decision [ED]）、提前行動（Early Action [EA]）、一般申請（Regular Decision [RD]）以及滾動申請（Rolling Admissions [RA]）。前兩者的作業時間比一般申請提前，申請的截止日期大部分是在十一月一日，並會於十二月中公布錄取結果。至於一般申請的截止日期是大約十二月底至一月初，而公布錄取的時間大多在三、四月。滾動申請沒有明確的申請或截止日，收到申請就審核並陸續通知學生錄取結果，直到名額滿為止。下一頁我整理了 MIT 的時間表給大家參考。

值得注意的是，提前決定與提前行動的錄取率，通常是高於一般申請的。

兩者差別在於，提前決定限定只能申請一所學校，如果錄取了，那就等於被「綁定」，一定要去讀該校；而提前行動並沒有這些限制。

提前決定與提前行動通常是成績好、有特殊優秀表現的學生競爭的戰場，選擇走提前決定的學生，更是以有機會進入的「第

一志願」學校為目標，藉此想提高錄取的可能性。但畢竟提前決定與提前行動的名額有限，有些優秀學生成為遺珠，便會捲土重來進行一般申請，說到底，競爭一樣激烈。因此想要選提前的申請，一定要評估各項條件，有通盤的規劃與策略。

總之，千萬不要抱著僥倖的心態，認為上高中後還有很多時間，當你出現「我想去美國大學念書！」的意識時，就要立刻行動。首先誠實分析自己的成績落點，然後參考本書建議拉出作戰時間軸，步步為營為申請大學擬定計畫吧！

MIT 的申請入學時間表

時間	流程
8 月開始	十二年級生上學校官網建立 MyMIT 的個人帳戶（http://my.mit.edu）。
11 月 1 日	提前申請的載止日
12 月中	發布提前申請的結果
1 月 1 日	一般申請的載止日
3 月 14 日	發布一般申請的結果
3 月 - 4 月	各地舉辦錄取新生的聚會
4 月中	新生導覽、校園預先體驗週（Campus Preview Weekend）
5 月 1 日	註冊及訂金繳納截止日
8 月底	新生訓練
9 月初	開學

MIT 面試官的提醒

★申請美國一流大學,必須維持高中階段的好成績、持續
　大量閱讀、深化英語溝通能力、參與有興趣的課外活動,
　除此之外,最好能擔任社團幹部,展現領導力。

★想申請美國大學,要研究自己感興趣的大學,分析成績
　落點,擬好計畫,積極行動。

★申請美國大學必備資料與程序:一、歷年在校成績;二、
　SAT 或 ACT 的聯考成績;三、課外活動紀錄;四、自傳;
　五、推薦信;六、面試。若申請的是音樂、藝術學院,
　還要準備作品集或錄音錄影。

★美國體制的聯考有 SAT 和 ACT 兩種,二者擇一即可。

★ SAT 和 ACT 都從既有題庫中出題,一定多要做考古題,
　分數越高,越容易申請上理想大學。已有大學不要求學
　生提交 SAT 或 ACT 成績,但當其他申請者都提供時,沒
　考的學生就處於劣勢。因此,還是考吧!

第4章
美國名校面試心法

哈佛大學
「大學大樓」（University Hall）建築前著名的約翰・哈佛（John Harvard）銅像。
據說，摸過左腳尖的人能夠得到好運（金榜題名）。
校訓：真理（Veritas）。

4-1　不可迴避的面試

美國大學的入學申請過程中，學生需要準備歷年在校成績、SAT 或 ACT 的聯考成績、課外活動、自傳、推薦信與面試這六個項目。

坊間的升學顧問分析，這六個項目有討價還價的空間，根據這類顧問公司的分析，基本上在校成績、SAT 或 ACT 的聯考成績總占比約為三〇％，課外活動紀錄總占比約二十五％，自傳占比約二十五％，推薦信占比約十五％，面試的占比則是五％左右。

一直以來，MIT 的做法是當學生在 MyMIT 設個帳戶之後，學校方面會視學生所在區域，分配一位面試官。學生必須主動寄 email 聯絡面試官，來安排面試時間。可是從二〇一八年開始，MIT 大幅改變方式，就是收到申請表格的 Part1 和 Part2 之後，安排一位面試官用 email 跟學生聯絡。最新的面試資訊可以參考以下網頁的內容：http://mitadmissions.org/apply/freshman/interview

　　許多學生對面試心懷恐懼，誤以為面試官手上有一堆刁鑽的難題，專程要來考倒學生；或是認為面試的主觀成分太強，並相信以自己的成績與其他條件，足以申請上心目中的理想大學。

面試的目的

　　事實上，面試對大學申請的結果越來越重要。一部分原因是新經濟體的崛起，這些變得富庶的國家留學生大增，因為競爭變得激烈，申請書充斥灌水與造假現象，不乏學生在申請文件中羅列很多成就，比如做了得獎的研究，可是在面試時卻張口結舌，連自己有哪些貢獻都含糊其辭。

　　網路上已經有許多常見的面試題庫，面試官提出這些問題時，最想了解什麼？我大致整理分類如下：

一、了解學生的志向、專長：

　　「告訴我你如何克服一個困難。」

　　「談談你是怎樣的人。」

　　「描繪一下你十年後在做些什麼？」

　　「大學畢業後你想從事怎樣的工作？」

　　「你在閒暇時間的休閒？」

　　「講一件你做得最棒的事情。」

「告訴我你的特點。」

二、評估學生個人特質與大學的合適度：

「你為何對我們學校有興趣？」

「未來你能為我們的大學做出哪些貢獻？」

「你對我們學校有什麼好奇的問題？」

「進入這間大學後，你有什麼課餘活動計畫？」

「為什麼應該錄取你而不是別人？」

三、澄清問題、解釋個人履歷的弱點：

「高中學科中哪一科對你而言最有挑戰？」

「你的在校成績是否忠實反映你的努力與能力？」

「如果要做一件事情改變你的高中生活，你會做些什麼？」

四、探究學生的學習深度、廣度與緯度：

「為什麼你想上大學？什麼事物是你非在大學裡學習不可的？」

「你對最近的頭條新聞有什麼看法？」

「與我分享一件你高中生涯中最重要的事。」

五、理解學生的德育、品格養成：

「你會如何定義『成功』？」

「談談你做過的社區服務。」

六、為了深入聊天的開場白與話引：

「請談談你自己。」

「今年暑假你有什麼計畫？」

面試發揮了重要的篩選功能，而且是跳脫數據與資料，讓大學認識你這個「人」本身的最好辦法，同時是深入了解雙方是否適合的關鍵，所以我強烈建議有志申請美國大學的學生，絕對不要迴避面試！

全力準備、配合面試

面試無論對學校、面試官還是學生三方，都是非常正式且慎重的。以 MIT 而言，如果要面試的學生人數非常多，現有的人力負荷不了，就會調度別區的面試官用 Skype 來幫忙視訊面試。

現在雖然可以選擇視訊面試，但我強烈建議，除非在極度特殊的狀況下，比如說你居住的區域是非洲的索馬利亞，方圓千里都沒有面試官，否則請務必與面試官見上一面！

華人有一句俗語「見面三分情」，除此之外，與人真實面對面，也能從更多角度去了解彼此。曾有一位學生寫 email 告訴我：他住在高雄，希望以 Skype 視訊面試。這就顯示他錯估了面試的

重要性，比起世界上許多國家，台灣幅員小、大眾交通便利，從高雄到台北距離不算遠，如果這位學生真的把進入 MIT 放在第一位，他就會安排好時間現身面試了。

我遇過正面積極、令人激賞的態度，就是另一位學生在 email 上寫：「任何時間地點，您方便我都能配合，謝謝您給我這個寶貴的機會跟您見面。」面試官看到這麼有禮貌的 email，第一印象已經是一百分。

最後總結一句話——千萬別迴避面試！

MIT 面試官的提醒

★美國大學面試官最想了解學生的是：一、志向、專長；二、個人特質與大學是否合適；三、澄清問題、解釋個人履歷的弱點；四、學習深度、廣度與緯度；五、德育、品格養成。

★除非狀況極特殊，否則不要選擇視訊面試，務必與面試官見上一面！

★面試往往跳脫申請資料，由面試官面對面認識你，深入了解你是否適合該所大學。

4-2 談談你有多特別？

「朋友們談起你時，會怎麼說？」「用兩、三個形容詞來描述你的人格特質。」當聽到這類的問句時，就代表面試官想知道「你有多特別」了！

越單純的問題，越是人生大哉問

會來申請 MIT 的年輕人，成績都是名列前茅，通常是學校或國家的知識競賽代表隊選手，並且在國際科學奧林匹亞競賽中，奪得數學、物理、化學、資訊或生物等項目的金銀銅牌（而且絕大部分是金牌）。這麼多優秀的學生競爭有限的入學名額，要如何取捨自然讓面試官左右為難，甚至有面試官開門見山地說：「你們都有奧林匹亞金牌，你跟別的金牌得主有什麼不一樣？」

「談談自己有多特別」看似是一個非常簡單的問題，然而在台灣，中學生的生活相對單純，尤其是走升學路線的菁英學生，生活圈不外乎是家庭、學校與補習班，朋友們也是同色羽毛的天

鵝。這群孩子們除了拚命念書考高分，升學的規劃常是家長老師一個口令一個動作，經常忙得連睡覺的時間都不夠，完全沒有餘裕去思考「自己是怎樣的人？」「我為什麼要做這件事？」「我想成為怎樣的人？」等這些重要的人生問答，因此在該暢談自己特質的時刻，反而張口結舌了。

特殊經驗，讓個人履歷更驚豔

在我擔任 MIT 面試官期間，我共面試了四十一人，有十二位獲得入學資格，其中一位是面試的隔年入學。在二〇一五年，我面試了一位畢業於台中市惠文高中的林同學，許多人都沒有聽過這所二〇〇三年才成立的新學校。

我致信向 MIT 解釋，「沒沒無聞」的台中市惠文高中，並不像建國中學、北一女中這些有百年歷史的學校，有制度明確的數理資優班、奧林匹亞代表隊，每一年也都有學生申請美國常春藤盟校。但是在這樣的環境下，林同學能在國中三年級時，就拿到數學奧林匹亞金牌，升上高中後，也在物理項目奪金，可見林同學的優秀之處。

更有趣的是，在我面試林同學的過程中，他送我一個用長尾夾作的多面體和用紙摺的動物，令我不由得佩服：「這名學生不只會物理解題，實作應用也非常厲害呢。」

當初面試林同學時，他都沒提到自己從小學油畫，我是在他送我的紙袋裡發現了一張過期油畫展的邀請函。我 google 了他的名字才發現，他非常多才多藝，不只成績好，國中時就舉辦了個人的油畫展。我 email 問他：「你會這麼多才藝，怎麼在面試時都沒提？」林同學有些錯愕：「我覺得畫油畫和申請 MIT 這樣的理工型大學沒什麼關係，所以就沒多提了。」殊不知，MIT 的辦學目標是發掘、培育具有「STEAM」長才的學生。（「STEAM」代表 Science〔科學〕、Technology〔科技〕、Engineering〔工程〕、Art〔藝術〕與 Math〔數學〕。）

人人都優秀，奇葩更突出

在一堆來自世界各地、成績都優秀得不得了的申請函中，得到科學奧林匹亞競賽獎牌幾乎是必備條件，但是假如能加上別的經驗就顯得更突出。經過我面試、二○一三申請上 MIT 的劉同學，在爭取進入國家奧林匹亞代表隊時失利，因為被刷掉而非常沮喪，高中導師鼓勵他，與其把時間浪費在悔恨上，不如去當國際志工轉換心境，劉同學接納了這個建議，申請參加尼泊爾高中生志工營，展開為期兩星期的社區服務。隔年他就順利獲得奧林匹亞的金牌。

在尼泊爾時，劉同學與其他國際志工們與在地人合作，一同

為兒童關愛之家鋪設地板、繪製壁畫、輔導課業，並在週末參觀古廟與市集，或是到奇旺國家公園欣賞自然保護區的壯麗風光與豐富的生態——志工經驗讓出生在先進國家、對升學制度抱持疑問的年輕人重新振作，並且樂意對弱勢伸出援手，將所學回饋社會，這也是美國名校強調「服務經驗」的原因。

在撰寫給 MIT 的面試報告中，我告知校方，劉同學跟很多的申請者一樣都是拿到奧林匹亞的金牌，但跟別人不一樣的地方就是他的尼泊爾國際志工經驗。以結果推想，這也是為什麼劉同學在一群奧林匹亞的奪牌者中，被 MIT 校方青眼有加的原因。

堅韌的小草更勝溫室的花朵

要培養出就讀世界級名校的孩子，家庭通常較為富裕，或是父母擁有高社經地位，才有這麼多資源投注在下一代的教育上。這樣階級世襲的現象，也警惕了美國高等教育界，如何協助貧困階級透過高等教育翻轉人生，這不只是美國學術界長期研究、討論的議題，也是美國夢、美國價值的重要指標。因此在申請大學時，如果你有在逆境中奮發向上的人生閱歷，一定要呈現出來。

我的印象很深刻，二〇一一年通過我面試上 MIT 的是一位外國人，還是一位俄羅斯女生叫 Daria。由於蘇聯解體加上長期

的經濟不景氣，她的父母失業多年，勉強讓她讀到高中畢業，她隻身一人前來台灣討生活、學中文，她四處兼鋼琴家教，同時準備申請大學。

這位俄羅斯女生是我聊過最久之一的面試者，因為她的經歷實在讓我太好奇了！我們的話匣子完全停不下來，光是她「都打什麼工？」「平常怎麼吃飯？」「一個外國女生，租房子方便嗎？」這些問題，都讓我大開眼界，最後她提到因為簽證問題，台灣政府要她限期離境，於是她要去菲律賓當沙發客，等簽證問題解決後再回台灣，並透過網路準備三十所大學的申請文件。

下一次接到這位俄羅斯女生的電話時，她焦慮地在話筒另一端啜泣，原來她不只錄取了 MIT，哈佛、普林斯頓、耶魯也都要她，她該怎麼辦？

知道她的狀況，我的丈夫建議她「go with the money」，畢竟哈佛大學給她全額助學金，還支付她寒假俄羅斯來回機票，讀 MIT 每學期還要支付兩千美元的學費。進入哈佛大學後，她原本要讀語言學（linguistics），後來轉為攻讀電腦科學（computer science），大二她去 Google 實習後就休學了，現在正在矽谷打拚新創事業。這位俄羅斯女生是我面試過唯一一位申請上 MIT，但是沒有去念的學生，不過我認為她的抉擇很正確，至今都與她保持聯絡。

在台灣，排序前面的大學姿態很高，坐著等也不怕沒有學生來讀；在美國，頂尖大學是卯足勁來搶優秀學生的。美國一流名校經費多，能夠因應學生的家庭狀況給予助學金，規模小的學校反而無法拿出這麼好的條件。如果你的家世背景不顯赫，成長過程比其他人吃過更多苦的，不妨大膽申請美國一流名校！因為堅韌的小草比起溫室中的花朵，有更令人期待的發展潛力。

MIT 面試官的提醒

★世界各地同時申請 MIT 的人都成績優異，得到過科學奧林匹亞競賽獎牌，你和他們有什麼不同？你有多特別？這正是你脫穎而出的關鍵。

★MIT 的辦學目標是發掘、培育具有「STEAM」長才的學生。

★只要成績夠優異，即使沒有顯赫家世，仍然可以大膽申請美國名校。要將自己奮發向上的故事呈現出來，堅韌代表強大的發展潛力，是美國大學欣賞的特質。

4-3 面試的要訣與禁忌（一）

　　許多學生以為面試是見到面試官才開始，這真是危險的誤解！面試其實從開始聯絡的那一刻，就悄悄展開了，加上評分標準牽涉面試官的主觀意見，營造好的第一印象有壓倒性的優勢。

email 跟面試官聯絡，首重書信禮儀與良好態度

　　跟面試官 email 時一定要注意基本的書信禮儀。素未謀面的面試官不是你的朋友或麻吉，通常也比較年長，所以要稱呼對方為某某先生、女士，在我收到的信件中，有的學生劈頭寫「Mary」或「Hi Mary」，這就是搞錯稱謂了。

　　讀大學是人生大事，除非是非常特殊又不可抗力的原因，務必記住是你配合面試，不是讓面試官配合你，申請者有時需要向學校請假，其他如出遊、聚會都應該排開，假設與重要比賽撞期，請務必在首次聯絡的 email 上告訴面試官賽程。

　　有一次離譜的經驗讓我難忘，曾有一位學生寫email來排約，他寫道：「我知道你的時間很寶貴，所以我建議以下的時間：我

12 月 15 日 1:00 到 6:00、12 月 17 日 2:00 到 6:00、12 月 18 日 1:00 到 5:00 有空⋯⋯」後續他指定了地點，並表示「期待你的回覆」——我驚訝得下巴都要掉了，感覺我們的立場對調了，我是面試者、他才是面試官。對這學生的第一印象立刻變得很糟，我實在無法克服「不想推薦他」的主觀想法，於是把這個個案退回給長官，請別的面試官受理。

面試時請收斂自我中心的氣場，拿出「面試官什麼時候有空，時間地點我都會全力配合」的態度，相信你會拿到絕佳的印象分數！

準備完整申請履歷

有一位學生也是奇葩，他在 email 上表示他很忙，寒假必須飛往異地探望父母，希望我前往桃園機場面試。我頭上掛著三條線，回覆他這要求我無法配合，我當時的面試地點在台北市天母一帶，並且請他帶「resume」來，沒想到這位學生竟然回信追問：「resume 是什麼？」

Resume 就是履歷表，但不明白英文單字的意思，應該自己查字典或拜一下 Google 大神，不該直接問面試官吧？而且想申請美國一流大學，連這麼基礎的英文單字都不認識，感覺實在相當怪異！我抱著「見識一代奇葩」的心情，與他在台北美國學校

附近的麥當勞碰面。這位學生拖著一個大皮箱出現，遞給我一張上面印了五行字的 A4「履歷表」，別說作品集，自傳也付之闕如，連臨時抱佛腳的程度都說不上，面試結果可想而知是「不推薦」。

不管申請哪一所大學，完整的自傳、申請履歷都早該準備好，一流大學競爭激烈，提出文情並茂的自傳是基本，還必須有令人驚豔的作品集，才有機會在眾多優秀學生中脫穎而出。

面試前踩點，父母不要陪同

曾經有學生沒有仔細看清楚 email 中溝通的面試地址，將中山北路六段的摩斯漢堡想成是天母東路分店，結果面試時跑錯了地方。後來這位學生解釋，由於他就住在附近，看到面試地點「摩斯漢堡」四個字，直覺聯想就是他常光顧的天母東路分店。在此除了強烈建議面試的學生要先踩點探路，之後我也稍作檢討，將面試地點改為不容易混淆的地點，以免再出現這種尷尬的插曲。

當了這麼多年的面試官，誰是前來面試的學生我都一眼可以辨識。有一回面試時間到了，面試學生卻遲遲沒有出現，我納悶地向外看，發現一位家長正拉著一位去買菜的阿婆，焦急地問：「你是 MIT 的面試官嗎？」阿婆自然被問得摸不著頭腦：「什

麼 MIT ？」這位家長很執著地試圖解釋，我感到非常詫異，他怎麼會認為面試官一定是上了年紀的長者？而且穿著逛菜市場的拖鞋便服來面試學生？這樣的舉動，對他的孩子並不會有幫助。

另外一次，我抵達相約的面試地點時，面試的學生和他的父母都已提前到達在等候了，父母自我介紹後卻屁股黏在椅子上，沒有離開的意思。我告訴他們：「面試差不多一小時，結束後就會請學生通知兩位。」這是很客氣地暗示家長可以離開了，面試官要單獨面試學生，而不是學生一家人。

對我而言，家長接送小孩無可厚非，但跟著出現在面試現場，傳達出的並不是正面訊息。在安全的台灣，父母都不敢讓孩子獨立行動，把孩子養成「媽寶」、「爸寶」，那孩子如何在遙遠的異國求學生存呢？對於中南部要北上面試的學生，我通常會問他們怎麼來的？假如他們說是自己規劃交通，就是一個好的開始，所以請家長稍稍克制一下對子女們操不完的心，讓他們在面試官前展現出獨立自主的擔當吧！

MIT 面試官的提醒

★面試不是從見面才開始，而是早在聯絡相關事宜時即悄悄展開，要注意基本的書信禮儀。

★在約定面試地點與時間時，表現全力配合的態度。若遇上確實無法改期的重要比賽，必須詳實以告。

★收斂自我中心的態度，為自己爭取良好的印象分數。

★備妥完整的資料，若能提供精彩的作品集，更相得益彰。

★在面試前，請重複確認與面試官相約的地點，必要時事先探勘路線，以免路不熟遲到或跑錯地點。

★若由父母送至面試地點，應請父母在面試前先行離開，展現出獨立自主、負責且有擔當的精神。

4-4 面試的要訣與禁忌（二）

面試前已經有許多需要留意的「眉角」，開始面試更是真槍實彈，考驗學生各方面的準備是否周全。剛見面時學生都會十分緊張，所以對於本地、不是就讀外語學校的學生我一開始會以中文寒暄，等到正式面試時才用英語對話。

多練習英語會話

曾經有一位學生問我：「面試能不能都說中文呢？」這自然是不行的，許多台灣的大學申請都有英語面試的關卡，更遑論要去純英語環境的美國，不講英語如何生活、學習與社交？我反問這位學生為什麼會提出這樣的要求？他表示對自己的英文能力沒有信心，最後我們還是以英語溝通，我覺得他的英語程度不錯，只是太沒有自信才這麼慌亂。

可能是媒體與補習班廣告的洗腦，許多台灣學生明明英語程度不錯，卻欠缺好的練習對象與環境，長久沒信心而「不敢講」，所以在英語面試時，經常會突然插入一兩句中文，降低面試官對

他們語言能力的評價。

每次遇到這種情況，我都會暫停面試，問學生為何講中文？普遍的答案是：「想不出相對應的英文單字，情急之下中文就脫口而出了。」要克服類似窘境，唯有面試前多練習！

準備好談兩小時的話題

通常面試會進行一小時，保險起見，我建議學生事前準備好能夠聊兩小時的話題。有些學生不知是在長輩面前比較害羞木訥，還是太害怕用英語表達，不管我問什麼問題，只有「Yes」和「No」兩種答案，接著就是冗長的沉默，讓場面又乾又冷，要不是為了堅守 MIT 面試官的職業準則，每次遇到這樣的受試者，我都恨不得十五分鐘內就結束面試。

可以談的話題很多，光是「為什麼想要申請 MIT」、「為什麼想出國留學」就有很大的發揮空間。而放眼世界各地、成績超優秀的競爭者，得到科學奧林匹亞競賽獎牌幾乎是必備條件，與其向面試官談自己怎麼準備學科考試，我更建議學生「強調自己很特別」，這方面的心法與案例可以參見 4-2〈談談你有多特別？〉。

尷尬的話題少說為妙

能放得開聊天很好，但是某些令人尷尬的話題還是少說為妙。例如一位學生當著我的面說：「我 Google 了你的名字，但什麼都沒找到。」有事前做功課、嘗試了解面試官的背景值得嘉許，但是口試時沒有必要提及！很多 MIT 校友在各領域默默耕耘，而且十分注重隱私，社群帳戶沒有公開，也不是媒體關注的焦點，除非是面試官得到某些重要獎項、被授勳表揚，你想稍稍表達恭喜與敬佩，不然最好不要把討論焦點放到面試官身上。

日文的「空気読めない」直譯是「閱讀空氣」，意思指一個人有沒有搞清楚場合，說出得體的話、做出合宜的反應。又例如面試不是聚餐，我通常在上午十點到十一點，或是下午兩點到五點的時間進行面試，這些時段很明顯避開用餐時間。我通常會請學生喝一杯飲料，有時候來面試的學生比我早到便自行先點。

而前述的這位直白同學，在我們從兩點開始聊了將近一小時後，他說：「湯小姐，我還以為會跟你一起吃午餐，所以還沒吃東西。」我目瞪口呆地回覆他：「那你現在一定很餓，趕快去用餐吧。」後來，我打報告給學校，開玩笑地註記上「以後我約學生時，一定會請他們吃飽再來」。

我印象很深刻，另一次我與康乃爾大學（Cornell University）

的入學面試官朋友聊天，朋友提起一位剛剛面試完的學生，在面試時提起：「我也申請了 MIT，他們的面試官好嚴啊。」朋友就問了學生面試官的名字，他回說 Mary！我自認為是一位很體諒學生的面試官，不過好像有些學生不這麼覺得。

面試後要寫封道謝的 email

面試後就要先寫封道謝的 email 給面試官。大學申請結果出爐後，假如有被錄取的話，也一定要通知面試官，分享你的喜悅；即使落榜，也寫 email 告訴面試官，更能顯現風度！

我很感恩在我的生命裡，遇到了許許多多的貴人，例如當初面試我的 MIT 校友，相信他幫我寫了一份很棒的面試報告，拉了我一把進入 MIT 求學，讓我有了後續數不清的精彩人生際遇。因為想回饋曾經對我伸出援手的貴人，所以我也想幫助更多人、做別人生命中的貴人。

有的學生沒錄取 MIT，依舊寫 email 告訴我：「雖然沒被錄取，還是非常感謝您的幫忙！」並通知我他進了哪所大學，最後選擇去哪裡，有幾位我們至今都保持聯絡。

世界很大也很小，寫感謝函看似是老派作風，但難保有一天「他鄉遇故知」，雙方的緣分再次牽起來，互相成就對方的生命。

MIT 面試官的提醒

★申請美國大學,自然是全程英文面試。面試前請多多練習,以免降低面試官對申請者的語言能力評價。

★面試時間通常為一小時,回答面試官的問題時,不要只說 Yes 或 No。為了避免詞窮,最好準備足以談上兩小時的話題內容。

★別提及令人尷尬的話題,也不要將焦點放在面試官身上。

★放榜後不論是否錄取,建議寫 email 通知面試官,錄取者分享喜悅;落榜者展現風度,也許未來仍有機緣成為彼此的貴人。

4-5　瑪麗面試官報告：找到學生的特質

　　當國際科學奧林匹亞競賽獎牌變成申請 MIT 的基本條件，而不是特殊之處時，這些被錄取的學生，和其他人有什麼不一樣呢？他們又有怎樣的共通特質？我身為一位面試官最重要的任務，就是要把他們的特質找出來。

　　幫助素不相識的面試官從更多面向來了解你、發掘你的潛能所在，並替你寫一份強而有力的面試報告，是自傳的重要功能。我建議想要申請美國大學的學生，從十一年級開始，就開始構思自傳。如果對寫出一份好自傳沒有頭緒，我建議依照下面六個步驟執行。

寫出好自傳的六個步驟

　　第一步，為自傳設定主題。分享一件關於你最獨特且有創意的事件。

　　第二步，把焦點集中在你自己身上。一位 UCLA 的招生官

說過，有一名學生在自傳中提到對他人生影響最大的人，是他的祖母。他的祖母充滿人生智慧的教養方式，在學生的各個成長階段都點亮了一盞明燈，整篇文章感人肺腑，讓面試官直說：「我好想錄取這位祖母啊！」祖母大概沒料到自己會在孫子的自傳中「喧賓奪主」，所以我要向學生強調，把聚光燈集中在自己身上，別把樓蓋歪了！

第三步，**請舉出實際案例。**不要用空泛的形容詞說：「我是個很善良的人。」起碼要寫出具體案例，譬如「我都主動攙扶老人家過馬路」之類。

第四步，**用你自己的風格呈現。**避免使用艱澀詞彙來取悅讀者，同時記住：絕對不要讓別人代寫！常春藤盟校的招生官親口證實，他們看過數不清的自傳，完全可以分辨哪一段出自青少年之手，哪一段是別人代筆的。

第五步，**請其他人審稿。**絞盡腦汁寫完一篇自傳後，總是會有盲點，提交前先給其他人看過是比較保險的，有時候太熟悉你的人不見得會發現問題，建議請具有專業素養，關係卻沒有這麼親近的人審閱，並提供意見。

第六步，**量身打造。**參考你申請的大學有什麼特色，為每一所大學量身打造一份自傳，例如有不同的重點訴求，最好不要寄出通用版本。

MIT 錄取者的共通特質：積極、有目標、具服務精神

在我擔任 MIT 面試官的第一年，就非常驚訝：「學生怎麼都這麼厲害啊！」有人高中跳級兩年，有人創下該高中辦學以來各項第一，有人念書體育音樂無所不能……，多年來，我也逐步歸納出，會被 MIT 錄取的學生在人格特質上的三大共通點。

特質一：積極進取

二○○六年面試的邱同學，是我擔任面試官的第一位女性申請者。她超愛物理和數學，我跟她見面時，她已經在咖啡廳坐了一小時在解數理題目，並秀給我看她的筆記本，裡面寫了滿滿的數學程式解題，自從我離開 MIT 校園後，我還沒看過那麼熱愛數理的女孩。

邱同學的父親是一位航空工程師，小時候她常去辦公室，觀摩父親和同事的工作。父親也教導她要獨立思考，所以她很不習慣台灣總要學生聽話、不能違背師長的教育模式。當時就讀於台中女中的邱同學，想要了解美式教育，便自行前往台中馬禮遜美國學校，詢問校方是否可以觀摩他們的上課狀況，並且希望與學生們交流。馬禮遜校方感受到她誠懇又積極的態度，便答應了她的要求。

特質二：堅定目標

邱同學有許多獨特的經歷，我們聊了至少兩個小時，而我一直忙著寫筆記。儘管是十幾年前的事，我仍然印象深刻：在我們的對話中，可以明顯感受到她的獨立和堅持。

邱同學的同班同學都在準備聯考，第一志願是國立大學的醫科，唯獨她要出國留學。這個決定受到不小的質疑，不少長輩潑冷水要她「乖乖考聯考」，否則到時候台灣學歷和留學夢兩頭空。然而邱同學堅持追求夢想，也將對物理的熱情轉為終身職志——在我大女兒入學 MIT 時，她已經拿到大學文憑，並前往史丹福大學攻讀物理學博士。

特質三：具有服務的精神

面試進了 MIT 的學生，大部分都有跟我保持連絡，放假回台灣時常常會相聚，聊聊他們在學校、職場或是學術界的發展。這些 MIT 人都非常熱心、樂於分享，願意用一己之力回饋社會。

二〇一一年面試、現在任職於美國知名電商的徐同學便形容，在大學放榜網站看到自己被錄取，一股暖流沿著背脊升起，原來這就是「有志者事竟成」！籌備了兩年多的 MIT 申請，使勁努力之後，終於有了好成果，「起初，都沒有朋友相信我說 MIT 的大學面試，竟然是在國小旁邊的麥當勞中進行。」

大部分美國大學的招生處，無法自行應付成千上萬的申請者，需要靠熱心的校友群組織起來，擔任面試官、撰寫面試報告，以不支薪的義工身分回饋母校。

徐同學說，他回想起當年面試時，感受到「Mary 阿姨」細心地引導涉世未深的他，讓他講出自己的高中故事，「在這場面試的七年之後，可能是受到 Mary 阿姨的影響，我也於西雅圖的星巴克，開始了 MIT 大學面試官的工作。」

不只徐同學，二〇〇五年面試進入 MIT、畢業後到舊金山工作的賴同學，也以擔任面試官的方式回饋母校。二〇一六年，許久沒有聯繫的賴同學寄了 email 來，恭喜我因為擔任面試官十五年，薦舉多名優秀學生，而獲得校友服務貢獻獎「George B. Morgan Award」。

與以前面試過的學生聯絡，總是讓我又驚又喜，大家持續追尋著目標與理想，有更精彩的生活、更豐富的閱歷，最重要的是，對自己的人生能走到這一階段心懷感激，並以服務和付出為榮，真正付諸行動回饋社會。

MIT 面試官的提醒

★有志申請美國大學的學生，建議從十一年級開始構思自傳。一篇好自傳可幫助面試官認識你，為你寫一份強而有力的面試報告。

★撰寫自傳六步曲：一、設定主題，分享一件關於你最獨特且有創意的事；二、焦點集中在自己身上；三、舉出實例；四、用自己的話來寫，不要找人代筆；五、請親人以外有專業素養的人審閱，提供意見；六、依據所申請大學的特色，為每一所大學量身打造一份自傳。

★錄取 MIT 同學的三大共通特質：一、積極進取；二、堅定目標；三、具服務精神。

4-6 MIT 最想要的人才

請思考一下，透過這些面試問題，例如「為什麼要申請MIT？」「談談你最喜歡的學科，為什麼對這個學科有興趣？」「分享你最近團隊合作的經驗，面對到什麼困難？怎麼解決？你從這個經驗學到了什麼？」「世界上存在的問題中，哪些是你最想解決的？」MIT 希望面試官替他們發掘怎樣特質的學生？

更進一步問，MIT 最想要怎樣的人才呢？

MIT 最想要 STEAM 人才

如果同學們沒有頭緒的話，可以上網查看 MIT 的辦學宗旨，原文是「The mission of MIT is to advance knowledge and educate students in science, technology, and other areas of scholarship that will best serve the nation and the world in the 21st century.」翻譯成中文，「MIT 的任務是在科學、科技和其他二十一世紀能增進國家與世界福祉的學術領域，推廣知識與培養學生。」

為了培養未來的先驅者，MIT 在招生時注重合作精神、好

奇心、願意親自動手、有冒險精神、適應能力強等人格特質，除此之外也希望學生對 STEAM 五大領域有高度熱情。

因此在申請大學與面試時，務必強調自己在 STEAM 這五大領域有怎樣的願景和目標！要如何印證自己的熱情呢？在二〇一二年面試的葉同學，她的故事和成長軌跡非常值得參考。

畢業於台中馬禮遜美國學校的葉同學，是一位很有想法的女孩，也非常有行動力，總是主動出擊。當時，她的西班牙語程度已經遠遠超過同學，校方沒有安排更高階的課程，便請她自行找出版社詢問教材，然後和老師討論學習進度，因此創下很多該校的「第一」紀錄——只要和葉同學談話，就會被她的正能量感染。

葉同學參加了模擬聯合國社團以及學生自治會，在青少女時代她就以醫師為自己的天職。送出美國大學申請書後，葉同學不僅被 MIT、耶魯、普林斯頓錄取，還有布朗大學、波士頓大學的七年制醫學院學程也搶著要她。葉同學告訴我，七年制醫學院學程看似直通她的目標，但她最後選擇 MIT。

MIT 幫助學生「像工程師一樣思考」

「我決定來 MIT，因為這裡是工程領域最棒的大學，我正在鑽研材料科學，因為材料學與任何科學領域都相容，包含藥劑學。」二〇一七年春季，當時就讀大學三年級的葉同學接受 MIT

校刊採訪，提到她選擇 MIT 的理由，是希望學習工程師的思考
模式：「工程師很酷的理由之一，是他們能夠跳脫框架思考，並
且為問題創造解決方案。」

　　葉同學大一的暑假就十分精彩，她擔任一個創業團隊的助
理，與 MIT 全球新創實驗室（MIT Global Startup Labs）前往斯
里蘭卡，團隊開發了一個治療閱讀障礙的手機 App，另一個專案
則是有機農業從農場到餐桌的認證平台。

　　MIT 新創實驗室的團隊由頂尖 CEO 和資深農業顧問組成，
其他人當然會好奇：「這位小大一在團隊裡面做些什麼？」葉同
學為團隊進行商務社交（networking events），負責推銷團隊計
畫給斯里蘭卡的投資人，並試圖理解當地的商業模式該如何落
實。

　　大二在印度的教育及衛教關懷 NGO 實習的經驗，讓葉同學
感受到電腦技能已經是基本職能，此外她也以模擬研討會的形
式，和當地學生探討在一間公司中，不同的角色要如何各司其
職。傳承在印度 NGO 的耕耘經驗，葉同學希望自己的行動能有
更大的影響力，後來她爭取了 MIT 國際科學與科技倡議（MIT
International Science and Technology Initiatives）計畫的資源，進
入世界衛生組織（WHO）家庭、婦女和兒童衛生部門實習。

　　這些精彩的探索與冒險，並不是一開始就計畫好的。葉同學

形容自己進入 MIT 後，就像一隻忙碌的熊蜂，「我發現自己的興趣和國際衛生、衛教技術高度相關，這也讓我開始關注更多政策面與教育面的問題。」

熱愛藝術、影響世界的先驅者

在大學的第三年，葉同學除了浸淫在「如何增進對癌症腫瘤有效投藥」的研究中。她與博士後研究生西蒙 · 舒勒（Simone Schurle）合作，利用微導流裝置（microfluidic device）讓奈米顆粒的藥物能深入腫瘤組織，並且聯名發表了學術論文。

除了學業、實務經驗都表現得有聲有色，葉同學也沒中斷從四歲就開始學習的鋼琴。因為上大學辭別原本的鋼琴老師，一開始她還擔心到了 MIT 再無知音可尋，但幾乎在她註冊的同時，就獲得駐校藝術家提摩西 · 麥克法蘭（Timothy McFarland）的指導，大學四年有了指導她精進琴藝的老師，葉同學更上一層樓與其他樂手開合奏會。

從 MIT 畢業，葉同學錄取了賓州大學（University of Pennsylvania）醫學院和約翰 · 霍普金斯大學醫學院（The Johns Hopkins University School of Medicine），她選擇去賓州大學，但是決定先要在藥廠工作一年，之後繼續她的研究之路。

MIT 豐富的學習資源，讓葉同學擁有更寬廣的視野，得以

實踐更大的人生抱負，大學也因為培育出這樣一位優秀的年輕人
與有榮焉。透過葉同學的故事，我想鼓勵更多對 STEAM 五大領
域懷抱熱情的學生，拿出你們的行動力來！誠如葉同學選擇 MIT
的理由：「我有四年的時間，去做一些不一樣的事情，無論我想
要什麼，我都該把握機會去新領域探險。」

MIT 面試官的提醒

★ MIT 注重合作精神、好奇心、願意親自動手、有冒險
精神、適應能力強等人格特質。

★ MIT 最想錄取對 STEAM 五大領域抱有高度熱情的人才。

★對 STEAM 懷抱熱情的學生，在申請大學與面試時，請
務必強調自己對於五大領域的願景和目標！

4-7 最競爭的戰場，以平常心面對結果

　　想擠進美國一流大學的窄門，究竟是依靠實力，還是需要神助的好運？我認為兩者皆要，而且缺一不可。

　　一位塔夫茨大學（Tufts University）的招生官在一場演講時分享，學校每年的政策是什麼，外面人並不知道，比如這學年大部分俄語學系的學生都要畢業了，下學年就會鬧招生荒，在存廢關頭上，只要有學生表明想讀俄語學系且成績達到門檻，被錄取的機會就大大提升。所以申請入學就像一場名為「關上的門內」（Behind Closed Doors）的演講所說，圈外人看到表象和圈內人所知的事實不符外，真相更藏在開不盡的密室之後！

　　除了作為量化指標的成績，其他質化條件是由人來評斷，就擺脫不了主觀因素參雜其中。以選購衣服來比喻，大學的招生就像是一位來精品店買衣服的顧客，學生們可能是上衣、長褲、裙子、外套，材質不同、顏色各異，品牌或許是 LV、Chanel、Gucci……，但客人不會明講自己的需求和偏好，所以衣飾必須

爭奇鬥豔，極盡所能去抓住顧客的目光。

亞裔學生最競爭

這幾年由於中國、印度經濟崛起，光是這兩個國家申請美國一流大學的人數就以倍數成長，入學競爭白熱化，甚至出現好幾個著名的訴訟案，其中有「Michael Wang 案」和「Austin Jia 案」，也有六十幾個亞裔非營利組織串連起來，集體控告常春藤盟校種族歧視。

Michael Wang 的 GPA 成績高達四．六七，排行全校第二；ACT 考試滿分；最高分二四〇〇分的 SAT 考試，Michael 獲得二二三〇分，超越其他九十九％的學生，他還加考了十三項進階科目（AP）考試。Michael 並不是書呆子，他有很多課外活動並獲得競賽獎牌，除了參加全美辯論賽與數學競賽，他還在二〇〇八年擔任歐巴馬總統就職典禮的交響樂團鋼琴伴奏。這位超級優秀的學生在二〇一三年申請了七所常春藤盟校大學，只有被賓州大學錄取。

Austin Jia 的際遇和 Michael 頗為雷同，他也是學業、才藝與體育表現都極為傑出的文武全才，但被哈佛、普林斯頓、哥倫比亞與賓州大學拒絕，成績比他遜色的非亞裔同學卻獲錄取，他後來就讀於杜克大學（Duke University）。許多人認為各種客觀

因素都無法解釋 Austin 被哈佛大學刷掉，於是 Austin 與哈佛大學對簿公堂，目前官司已經上訴到最高法院。

　　常春藤盟校有歧視亞裔嗎？答案恐怕是「有」，普林斯頓大學進行相關研究，發現亞裔學生的 SAT 成績必須比白人學生高出一四〇分，才能申請上同等大學，這個落差被戲稱為「亞裔稅」（the Asian tax）。有限的入學名額加上高壓的升學競爭，也催生出各種亂象，令人眼花撩亂。

誇張造假背後的升學恐慌

　　近年來 ACT、SAT 在亞洲的考試，屢次爆發作弊與洩題爭議，讓整場考試被取消都不是新聞，許多父母考試前求神拜佛，不只求子女有好成績，甚至要祈禱「害群之馬別這麼明目張膽」。

　　為了進入名校欺人不夠，誇張的自欺事件更凸顯了升學壓力造成的心理創傷，二〇一五年喧騰一時的「Sara Kim 案」就是典型的例子。就讀於美國維吉尼亞州著名湯瑪斯 • 傑佛遜科技高中（Thomas Jefferson High School for Science and Technology）的韓裔女學生 Sara Kim，她告訴父親自己同時被哈佛、史丹佛大學錄取，由於兩邊都在爭取她這位曠世數學天才，所以兩校協商讓她各讀兩年，Facebook 創辦人馬克 • 祖克柏（Mark Zuckerberg）親自來電鼓勵她選擇哈佛云云。

Sara Kim 的父親太開心了,把女兒的事蹟透露給媒體,成為韓國各大媒體的頭條新聞,消息傳回美國,有人向哈佛與史丹佛求證,才踢爆全案根本子虛烏有,Sara Kim 提供給家人的文件也全部是假的。最後 Sara Kim 的父親與律師出面道歉,表示「往後會在精神療養機構陪女兒靜養」,希望一家人能低調過日子,而道歉止不住網路酸民的嘲諷,有人指出扯謊也該說是被哈佛、MIT 同時錄取,起碼兩校在同一個城市,學生可以跨校修課。

沒進理想大學仍有一片天

申請大學要有好運氣和緣分,沒有一次就申請進入理想的大學,不代表未來就沒希望了,有的學生先進入台灣大學後再申請轉學,有人改在念碩士、博士班出國,可以說是條條大路通羅馬,更厲害的是沒有機會讀,乾脆以後直接去任教!二〇〇五年申請 MIT 落選的蔡同學便是如此。

來自高雄的蔡同學在二〇〇四、二〇〇五年都取得國際奧林匹亞數學金牌,二〇〇五年還取得滿分,是名符其實的數學天才。面試蔡同學的我強力推薦,可是他卻落榜了,原因很可能是他靠數學競賽保送台大,就沒有顧好其他學科成績。蔡同學雖然拿到某間法國大學的全額獎學金,但他覺得沒有上心目

中的理想學校，寧可留在台灣。

蔡同學進入台大後，都選修研究生的課程。剛好二〇〇六年 MIT 負責台灣區的錄取審查招生官來台，我帶招生官去參觀台灣奧林匹亞數學選手的集訓，教練提起蔡同學，盛讚他是「二十年來高中生、大學生中最優秀的」，我帶著「你看，MIT 錯過一位天才」的表情，在招生官旁邊用力點頭。

後來蔡同學到哈佛攻讀博士，畢業後先去 MIT 任教，現在則被史丹佛大學延攬。回顧整個過程，媲美可拍成電影的勵志故事，它告訴莘莘學子與家長們，在最競爭的戰場，平常心接受結果，把目光放遠，人生的路會越走越寬廣！

MIT 面試官的提醒

★每所學校每年的政策未必相同，招收的人才也略有不同。

★面試官對於學生特質的主觀評斷，並不像成績一般可以量化，因此想進美國一流大學，除了實力之外，也需要一點點運氣。

★想進常春藤盟校的亞裔學生，有時成績必須更高才能申請得上。

★沒能一次申請進入理想中的美國大學，並不是世界末日，不妨先在台灣念大學再申請轉學，或大學畢業後出國進修碩、博士。

★人生的成敗不在於一時，以平常心面對申請的結果，將目光放遠，美好未來還在前方等你收割。

第**5**章

面試官給問嗎？
——申請美國大學常見Q&A

賓州大學
學院大樓（College Hall）與創建人班傑明‧富蘭克林銅像。
校訓：法無德不立（Leges sine moribus vanae）。

發現自己對赴美念書有所憧憬，開始著手擬定專屬的留學馬拉松訓練計畫時，不免遇上各種疑難雜症。我擔任 MIT 面試官以來，也經常接到朋友與他們子女的詢問，從學費、助學金、在校平均成績（GPA）、SAT 與 ACT 考試策略、申請音樂及美術科系的注意事項、未來就業等等。這些看似獨立的問題，實則環環相扣，在「MIT 面試官給問嗎？」這個章節中，我將以 Q&A 形式一一詳答。

不少中文報導礙於篇幅與主題，僅節錄部分或多年前的資訊，我希望能提供讀者更全面、更即時的觀點和數據，加上現在大學行政程序絕大部分電子化了，Q&A 後列舉了英文參考網站，在查詢解決問題的資訊時，一併增進英文閱讀能力，可以說是一舉兩得！

關於學費與助學金

Q1：去美國念大學要準備多少學費？

瑪麗：撇開私立大學，美國的公立大學由州政府提撥預算補助辦學，若持有美國護照並身為該州居民，學費將有超過一半的減免，但羊毛出在羊身上，如果是國際學生或非當地居民，就無法享有居民學費減免的優惠。

近十年來，亞洲國家學生申請美國大學的比例大增，中國大

陸在國際學生的占比超過十％，而美國大學每學年都會調漲將近
三％的學費，私立大學的學士學費漲幅超過四％，我必須誠實地
說，赴美讀大學的經濟負擔是越來越重了！除了學費之外，美國
各州的生活費、地方稅率都不同，還要考慮匯率問題，建議學生
與家長在財務上必須有充足的準備。

美國大學每年學費、學雜費以及食宿費用平均金額

年分	四年制公立大學			四年制私立大學		
	博士	碩士	學士	博士	碩士	學士
2017-18	$22,050	$18,690	$18,390	$56,720	$41,450	$44,820
2016-17	$21,410	$18,050	$17,950	$54,710	$40,100	$43,050
每學年增額	$640	$640	$440	$2,010	$1,350	$1,770
漲幅	3.0%	3.5%	2.5%	3.7%	3.4%	4.1%

資料來源：College Board, Annual Survey of Colleges; NCES, IPEDS Enrollment.
單位：美元

參考網站：

• Trends in Higher Education：https://trends.collegeboard.org/home
這個網站收錄大學學費、學生貸款、助學金趨勢以及各種大學
教育相關的數據統計，並提供趨勢分析報告。

Q2：我可以申請助學金（Financial Aid）嗎？據說向美國大學申
**　　請助學金會影響我的錄取資格，這是真的嗎？**

瑪麗：在美國，聯邦政府與大學都有提供助學金，想申請的同學請注意身分與國籍的限制。

關於助學金的種類，有以下說明：

1. **政府助學金**：美國公民與有繳稅的長期居民可以申請聯邦助學金（Free Application for Federal Student Aid，簡稱 FAFSA），但外籍生無法申請。

2. **大學助學金**：多數大學會考慮學生的支付能力，要學生提供家庭財產明細，來證明自己無法支付，助學金的優先補助對象是美國公民，僅頂尖大學開放國際學生申請。

大學助學金可分為「考慮學生支付能力」（need-aware admission）與「不考慮支付能力」（need-blind admission）兩種。「考慮支付能力」的助學金，如果學生申請，則會影響錄取率，史丹佛大學言明學生若申請助學金，「可能會影響錄取率」——我們必須面對現實，一般情況下若向大學申請助學金，的確會降低錄取機會！「不考慮支付能力」的助學金，經常被大學用來爭取超級優秀的學生，藉此提供足夠的誘因讓菁英中的菁英願意前來註冊，因此不把學生家庭的經濟情況當作篩選條件。不過，「不考慮支付能力」助學金通常也是有條件的，學校會要求學生每學期成績必須達到一定的標準，才能獲得這類助學金。目前僅有哈佛、耶魯、普林斯頓、MIT 等少數學校提供國際學生「不

考慮支付能力」助學金。

凡是要申請助學金，都要提供證明家庭經濟狀況的官方文件，例如國稅局的報稅紀錄、銀行信用評價、父母的職業與就業狀況。

以下是一位進入 MIT 學生的家長所分享的助學金申請流程與經驗，供讀者參考：

- **申請時間**：新生在完成入學申請後到二月十五日前，舊生每年四月十五日前。申請助學金是有截止期限並且需要付申請費用的。

- **申請方式**：先在 CSS 申請一個帳號，這個帳號歸屬於學生本人，此次的申請過程中可隨時進入更新。

- **CSS 的內容**

以二〇一八年四月申請二〇一八至二〇一九學年度為例，需填寫：

1. 二〇一六年的父母薪資所得、存款、各種收入、其他家人所得。

2. 填寫二〇一七年度的父母薪資所得、利息。

3. 預估二〇一八年父母薪資所得、利息。

4. 填寫父母的資產：擁有的房產資訊、古董珠寶的價值。

5. 學生的資料：學生有沒有收入，有無其他資金資助學業。

6. 家庭成員的資訊：例如兄弟姊妹是否在學、年級、收入。

7. 如果有公司或農場要填寫相關細目、擁有百分比、分紅比例等。

8. 二〇一六年家庭自費的醫療支出、食衣住行、房貸等的支出金額。

9. 最後會有補充說明，要列出所得稅、房屋稅、地價稅、健勞保、牌照稅等費用的實際金額。

10. 有些學校還要填車子品牌型號、年分以及更多房產的資料與資產細節（每個學校要求的資料不同，會列出代碼，要照著代碼填寫要求的明細）。

● 填完 CSS 的資料之後，再到 IDOC 掃描傳送要求的文件。基本上，一定有國稅局英文版的完稅證明，以及父母孩子的親簽，當然每個學校要求的文件或資料詳細度也會有所差異。

● 填完、傳完資料後，付款，完成申請。

● 每年的格式也許稍有變更，但問的問題大致相同。

● 步驟繁雜，還好 CSS 及 IDOC 會有清楚的指示，缺少的資料也會 email 要求補足，完成申請也會通知。

以 MIT 為例，學校雖然提供國際學生「不考慮支付能力」的助學金，但入學之後助學金的具體金額，仍根據學生家庭經濟狀況而定。如果學生希望提高助學金的金額，必須提出合理的原因以及相關證明文件，然後再與校方溝通討論。

參考網站：

- CSS Profile：https://cssprofile.collegeboard.org

  學生可以在這個網站建立你的通用版助學金申請表，另有相關教學、申請經驗分享，即使你所申請的大學自有一套申請文書，CSS Profile 也能幫助你通盤了解申請助學金的細節。

Q3：我不是美國公民或長住居民，也不確定自己是否符合助學金申請資格，除了學生貸款，還有其他籌措學費、生活費的方法嗎？

瑪麗：國際學生不能向美國政府申請學貸，必須在自己的母國申請，我一向建議學生在出國前就先構思好財務計畫，除非是家境富裕到完全沒有後顧之憂。

多數美國大學提供在校的工讀機會或計時型工作，學生也可以在暑假工作，申請支薪的實習計畫。在尋找打工、實習機會的同時，好好了解簽證規定是非常重要的，不同簽證決定你是否能工作、能做怎樣型態的工作，通常國際學生的 F1 簽證規定，在學期間每週工作上限是二十小時，請大家參考。

關於在校成績、GPA

Q4：GPA 是什麼意思？我要怎麼把台灣學制的分數轉換成美國

學制的標準？

瑪麗：GPA 是在校平均成績（Grade Point Average，簡稱 GPA）的縮寫，大學在招生時會言明將參考未加權（unweighted）GPA，或是加權（weighted）GPA。

美國在校成績用 ABCD 表現，台灣則是打分數，換算方式可以參考下面的表格：

GPA 換算表

美國在校成績字母分制	GPA 級距績點	台灣在校成績百分制
A+	4.0	97-100
A	4.0	93-96
A-	3.7	90-92
B+	3.3	87-89
B	3.0	83-86
B-	2.7	80-82
C+	2.3	77-79
C	2.0	73-76
C-	1.7	70-72
D+	1.3	66-69
D	1.0	60-65
F	0.0	<60

Q5：所謂「GPA 加權」和「GPA 未加權」是什麼意思？這和我的選課規劃、就讀資優班與否有什麼關係嗎？

瑪麗：未加權 GPA 最高級距為四・〇，並沒有把學生選修的課程難度列入考量。例如你就讀數理資優班，數理科教得比一般班

級更深入、考試也更困難，你的成績得到 B，這和一般班級學生得到 B 的程度不同，但是你們會得到一樣的 GPA。

加權 GPA 會給學習超前、選修困難課程的學生加分。如果獲得資優課程（Honors Courses）、大學先修課程（Advanced Placement Courses，也稱進階先修課程，簡稱 AP）的學分，就會有不同權重的加分。有些中學對選修資優課程、大學先修課程的學生一律給予 GPA 加權○·五，有的則給資優課程 GPA 加權○·五、大學先修課程 GPA 加權一。

至於得到高 GPA 的策略，應該是「從簡易的課程中得到好成績」，還是「在困難的課程得到普通的成績」？大學招生官的答案是：「在困難的課程中獲得好成績！」

GPA 越高，申請大學的彈性越大，提出加權 GPA 還能給大學招生官「我對課業是嚴肅認真」的印象，所以學生必須自行查清楚學校政策，才能提早規劃。

Q6：怎樣才算是好的在校成績？我要如何進行提升 GPA 的規劃？

瑪麗：平時成績、隨堂測驗分數已經發展成一種評估學生學期表現的方式，對一流大學而言，學生的 GPA 最好都是頂尖，不然就是逐年進步。

然而，在某間學校拿 A，到另外一所學校可能只有 B 的程度，

GPA 也會因為課程及考試難易度調整，所以班級排名、學校成績排行榜在大學申請時也是重要參考依據。

談到排名，選修一般課程的學生，通常不會超越選修資優課程、進階先修課程的學生，但通則中當然也有例外存在。因此，我建議學生從九年級開始，就將選課計畫的規模推到十二年級，提前計畫這四年的時間，並且基於興趣進行選課，千萬不要因為選課在即就匆匆填滿時間。

如果你對數理有興趣，將來想申請理工型大學，就要多選修數理的資優或進階先修課程；同樣的道理，你有興趣的是人文學科，就應該選修藝術、語言或文學的資優或大學先修課程。

關於 SAT、ACT 的考試策略

Q7：SAT 與 ACT 有什麼不同？我是否兩個都要考？

瑪　麗：SAT（Scholastic Aptitude Test 或 Scholastic Assessment Test）中文翻譯成「學術水準測驗考試」，ACT（American College Testing）則是「美國大學入學考試」，多數美國大學 SAT、ACT 的成績都接受，學生不需要兩者都考。但近年流行 SAT、ACT 兩者都考，坊間補習班或留學代辦基於商業考量，會遊說同學兩者都考，甚至是多考幾次，因為「可以在兩者中取高分進行大學申請」。

在趕流行之前，應該先了解這兩種考試體系的特別之處：

SAT 與 ACT 比較表

	SAT	ACT
考試科目	閱讀測驗（Reading） 寫作和語文 （Writing & Language） 數學（Math） 選考科目：作文 （Essay, optional）	英語（English） 閱讀測驗（Reading） 數學（Math） 科學（Science） 選考科目：寫作 （Writing, optional）
考試時間	未選考作文： 3 小時 選考作文： 3 小時 50 分	未選考寫作： 2 小時 55 分 選考寫作： 3 小時 35 分
成績範圍	400-1600	1-36
考試月份 *	8, 10, 11, 12, 3, 5, 6	9, 10, 11, 2, 4, 6

* 有的月份為美國本土加場考試的時間，有的月份並沒有國際場，以當年公布的考試時間為準。

SAT、ACT 兩者在命題結構上有所不同，想準備好兩種考試並取得好成績，會花去不少時間。在準備考試的同時，學校的課業也必須兼顧，如何有效分配時間準備 SAT 和 ACT，並擁有充實的社團、課外活動或義工服務，還能顧好睡眠，就是一項挑戰，也考驗著每個人對於優先順序的安排。

如果你還是舉棋不定，我的建議是先各考一次 SAT 和 ACT 的模擬考，看看自己在哪一邊表現得比較好，再正式報名 SAT 或 ACT ！

Q8：我是文科人，為什麼坊間留學代辦會建議我考 SAT ？考 SAT 真的讓我比較有優勢嗎？

瑪麗：SAT 被用來評估學生的閱讀能力是否能應付大學學業，命題的英文較難而且更生活化。近期 SAT 考試的大改版，是在二〇一六年調整題目方向，融合了更貼近高中課程的時事題，以及更多日常使用的單字和數學運算，學生寫錯答案不會倒扣分數，並且增加作文選考。

　　SAT 的最高總分也從二四〇〇分降低到一六〇〇分，共有閱讀測驗、寫作和語文、數學、選考作文這四個主科。

　　一個學年中會舉辦好幾次 SAT 考試，通常學生會在十一年級的春天考試，最晚是升上十二年級的秋天要報考，拖過這個時限，很可能會趕不上大學申請，或是壓縮準備申請文件的時間。

SAT 考試概況

科目	考試時間（分鐘）	題目數量	考試方針
閱讀測驗（Reading）	65	52	理解文章複雜的敘事、辨識文中的單字
寫作和語文（Writing & Language）	35	44	重要文法、建構論證能力
數學（Math）	80	58	代數、解決問題、資料分析、進階數學
選考作文（Essay，optional）	50	-	-

　　SAT 的特別之處，是考超過一次後，可以取個別科目的最高分申請大學，這個機制稱為「SAT Superscore」，至於你所申請的大學是否接受 Superscore 機制，請務必上網查看或聯繫該校招生單位。

　　舉例來說，你的第一次 SAT 考試，數學獲得七八〇、寫作和語文獲得六二〇，加總一四〇〇。你覺得寫作和語文可以表現得更好，捲土重來報考了幾個月後舉辦的 SAT 考試，因為加強準備，寫作和語文足足進步了一百分，變成七二〇，但上次數學考得很好，反而讓你掉以輕心，第二次 SAT 數學只考了七〇〇，加總一四二〇。

　　如果你申請的大學接受 Superscore 機制，你可以拿第一次考試的數學成績七八〇，加上第二次寫作和語文的成績七二〇放在申請書上，這樣兩個科目加總，你的 SAT Superscore 成績是一五〇〇！

SAT Superscore 範例

科目	第一次考試	第二次考試	Superscore	個人最佳成績
寫作和語文	620	720	720	
數學	780	700	780	
加總	1400	1420	1500	1420

參考網站：

・College Board：www.collegeboard.org

這是一個由非營利組織 The College Board 架設的網站，宗旨是協助學生申請美國大學。線上提供成績試算，並且收錄各種大學申請資訊。

Q9：我是理工人，為什麼坊間留學代辦會建議我考 ACT ？考ACT 真的讓我比較有優勢嗎？

瑪麗：ACT 考試的設計，是測驗高中科目的基本學力。可以在英文（English）、數學（Math）、閱讀測驗（Reading）和科學（Science）四大主科進行選擇，寫作（Writing）則是選考科目，但有一些美國大學把寫作列為申請者的必考科目，請學生務必詳閱目標大學的規定。

基本上，擅長理工科的學生比較適合 ACT，ACT 的英文平均而言比 SAT 簡單易懂。

一學年內有六次報考 ACT 的機會，通常學生會在十一年級的春天考試，最晚也要在十二年級的秋天報考，拖過這個時限，很可能會趕不上大學申請，或是壓縮準備申請文件的時間。

ACT 考試概況

科目	考試時間（分鐘）	題目數量	考試方針
英文（English）	45	75	實用英文、字詞應用方式、修辭學技能
閱讀測驗（Reading）	35	40	社會科、自然科學、文學敘述的閱讀測驗，或是散文作品、人類學相關文章
數學（Math）	60	60	初級代數、基本代數矩陣、中級代數、座標幾何學、平面幾何學、三角函數
科學（Science）	35	40	衝突科學觀點論證
選考寫作（Writing, optional）	40	-	題目從某個事件出發，請考生申論自己對這個事件所反映的問題有什麼想法

參考網站：

- ACT 官網：www.act.org

  ACT 官網有考試說明、例題、報考登記等功能，也有收費的線上課程。

Q10：美國大學有比較偏好學生考 SAT 或 ACT 嗎？只考其中一種是否會影響我的錄取率？

瑪麗：在過去，SAT 比 ACT 更受歡迎。美國北部到西岸地區偏好 SAT，美國中部地區則是考 ACT 為大宗。但當 SAT 把總分從一六〇〇調整到二四〇〇，選擇 ACT 的考生人數就逐漸追上了，於是從二〇一六年開始，SAT 又將總分改回一六〇〇。

美國大學有比較偏好錄取提供 ACT 分數的考生，或是提供

SAT 分數的？這是一個美國人也爭論不休的大哉問，至於這個問題的答案，我們可以參考二〇〇七年《紐約時報》（*The New York Times*）訪問哈佛大學招生主任瑪麗蓮・麥格拉斯（Marlyn McGrath）的報導，「自從學生能選擇 SAT 或 ACT 後，要報名哪一種考試彷彿變成超級重要、牽連甚廣的問題，但我不這麼認為。」麥格拉斯直言：「學生提供哪一種考試成績，對我們而言都沒問題，我們也沒有任何偏好。」

結論是，無論報考 SAT 還是 ACT，對美國大學而言都是一樣的，因此請選擇自己能表現得較好的考試吧！

Q11：考 SAT 或 ACT 的最後期限是何時？我應該考幾次呢？

瑪麗：報名 SAT 和 ACT 考試的時間，和申請大學的計畫息息相關，如果你對如何排定行事曆沒有頭緒，務必回顧 3-6〈申請美國一流大學的作戰時間軸〉中的表格。

另外，美國大學的申請分為提前決定（ED）、提前行動（EA）、一般申請（RD）和滾動申請（RA），前兩者的申請截止時間提前約兩個月，也會提前約三個月公布錄取結果。

同時也請注意，我所謂的「最後期限」，不是指初次報考，而是再次報考、成績來得及放進大學申請書的最後機會。

1. 提前決定與提前行動的最後考試期限

提前決定與提前行動的申請從學生升上十二年級的暑假開跑，大多在十一月一日申請截止，年底或隔年年初公布結果。

若學生選擇提前決定，限定只能申請一所學校；如果獲錄取，那就等於被「綁定」了，一定要去讀該校。走一般申請的學生，就沒有這種限制。

為了趕上提前決定與提前行動的申請時程，學生最慢要在十二年級上學期，報考九月場次的 ACT、十月場次的 SAT。成績通常在十一月揭曉，提前申請的資料已在十月送出，而有些學校允許在面試前補件，但是並非每一所學校都接受，請大家以所申請的大學的規定為準。

2. 一般申請的最後考試期限

一般申請沒有限制學生選幾間大學，截止日期約是十二年級的上學期快結束時。看似時間略多了一點，仍要掌握進程，全力進行申請文件和 SAT、ACT 十一、十二月考試的最後衝刺。

Q12：SAT 和 ACT 會基於什麼原因取消？取消後會安排補考嗎？

瑪麗：在美國本土，SAT 和 ACT 可能會因為颶風、暴風雪等天氣因素取消，主辦單位會宣布補考時間。

在亞洲地區，考試取消的原因往往是發生洩題與作弊問題，例如在二〇一七年九月，ACT 取消亞洲地區的考試；二〇一六年一月，SAT 緊急取消在中國四十二個考場舉辦的考試，而事後主辦單位並沒有再安排補考。類似的狀況不只發生一次，同學們務必要留意相關資訊。

總結 Q8 到 Q12 關於 SAT、ACT 的問與答，我的建議是：

1. 理想情況是十一年級把 SAT、ACT 考試考完。

2. 挑選你能表現得最好的考試種類報考。

3. 不要拖到最後一刻報考。

4. 不需要考太多次，考三次就是極限了！

5. 把十二年級的時間拿來準備申請大學的自傳和相關文件。

關於音樂、藝術大學的申請

Q13：計畫在大學時主修音樂、戲劇等藝術學門，在美國學制下有哪些選擇呢？

瑪麗：主修音樂、戲劇等藝術學門的學生，在美國有藝術學院（conservatory）、大學附設藝術學系（University with music & performing arts department）、大學附設藝術學院（University with conservatory），或是一些小規模但以音樂、藝術表演聞名的私人學院（private liberal arts college）可供選擇。

藝術學院比一比

	藝術學院	大學附設藝術學系	大學附設藝術學院
學校名稱	Manhattan School of Music, Juilliard, Mannes College & the New School for Music, New England Conservatory of Music, Berklee College of Music, Boston, Conservatory, Cleveland Institute of Music, Curtis Institute of Music, San Francisco Conservatory of Music	UCLA, New York University (Tisch School of the Arts), Yale (School of Music，只收研究生), University of Michigan, Northwestern University (Bienen School of Music)	USC (Thornton School), University of Rochester (Eastman School of Music), Johns Hopkins University (Peabody Institute of Music), University of the Pacific
學校特色	所有學生都主修藝術、音樂，目標是在專科領域追求卓越。除了磨練技巧，還會學習藝術／音樂理論、藝術／音樂史，人文學科與寫作課通常是必修，部分藝術學院提供外語和音樂商務相關課程。	除了有很強的音樂、藝術學系，也有各種學科領域的完整課程，還可以在廣大的校園中自由選課，感受美式足球、兄弟會姐妹會（Greek Life）、宿舍自治會等廣泛、多樣性的大學生活。	設立在大學中的藝術、音樂學院，可以給學生高強度的專科訓練，同時也能感受一些「普通大學」的氛圍。

　　要在哪一種類型的學術機構進修，不只影響學生在專業領域精進，也決定會交到怎樣類型的朋友、是否有非藝術領域的科目能選修，以及會獲得怎樣的學位頭銜——音樂學士（bachelor of music)、藝術學士（bachelor of arts）甚至是科學學士（bachelor of science）等，所以請謹慎做出這影響終身的決定！

參考網站：

・Majoring in Music：https://majoringinmusic.com

收錄美國與世界上各音樂學校、音樂夏令營、獎學金申請與相關議題文章，包含主修音樂的全方位內容，是音樂學子的必讀網站。

Q14：申請音樂專門學校或大學，有哪些專科應試的訣竅？

瑪麗：相較走一般升學途徑的學生，申請音樂專門學校或大學的重頭戲，就是「表演」這一關。在抵達學校面試前，必須先寄出不同規格的申請書，並且得預先錄下演奏影像，音質與畫面都需要請專業操刀，務必要提早開始準備。

除了鋼琴之外，應考的同學必須自備樂器，若要搭飛機前往應試，請注意行李打包、時差等問題，以下條列藝能應試的大通則，也給需要考其他術科的同學們參考：

步驟一：錄製演奏影像、DVD

現在越來越多音樂學校，尤其是那些入學競爭激烈的，都要

求學生在申請書中附上演奏光碟或是 DVD，作為申請入學的參考。

　　服務於美國歷史最悠久、提供最高額獎學金的寄宿制藝術學校英特洛肯藝術中學（Interlochen Arts Academy）的顧問道格・隆恩（Doug Long），鼓勵學生認真看待自己的預演和練習，即使是預錄的演奏光碟，也該穿上專業、正式的演奏服裝。而錄影不見得要特別租用攝影棚，只要收音與燈光到位，這個場景可以是私人音樂課程的一個段落，或是在地方上的教堂演奏。

　　「仔細思考大學招生官期待在這片預錄光碟中看到哪些東西。」道格・隆恩指出：「例如音質、表演曲目以及伴奏。」

　　現在網路發達，有些大學不再要求學生寄實體光碟，改用雲端上傳檔案，收件截止日通常是每年八到九月。雖然克服了郵寄的不確定性，但錄出高品質的影像仍是一大挑戰，大家務必提早準備。

步驟二：參加錄影考試

　　有鑑於預錄影像會有調音、剪接甚至造假的問題，部分音樂學院、學系會的招生處會到海外舉行錄影考試，錄下學生現場表演的影像回傳，不乏教授會在這個關卡決定錄取的口袋名單。

　　在本國考試沒有時差問題，應試的旅程規劃也相對簡單，大

家可以參考步驟五以後的應試訣竅，但也有一些音樂學院、學系不會舉辦海外錄影考試，學生還是得飛去美國。

步驟三：確認行李打包

無論所申請的音樂學院、學系有沒有舉辦海外的錄影考試，最終決選還是在美國本土舉行。請把大學申請書、表演光碟和樂器妥善打包，能備份的物品就盡量備份，並收納在不同的行李內分散風險。樂器盡量隨身攜帶，若樂器的體積必須託運，請再三確認是否做好萬全的預防措施——沒有比在機場領到空的提琴盒，或是驚覺樂器被摔壞更讓人扼腕的事了！

步驟四：聰明旅行，調整時差

希望在術科表演中有好的表現，身體狀況必須調整好才行，出國、跨時區的面試行程尤其要好好規劃。確認抵達之後有充分的時間準備，並且能放鬆身體休息、睡一個好覺。多喝水可以舒緩下顎、脖子和肩頸，並降低身體的緊張感。

步驟五：提早抵達應試場地

即使有 Google 地圖，或是 Waze 這類社區化交通導航應用程式，在不熟悉的城市還是很容易迷路，在大學校園中找到正確

的應試場地，也會變成一項挑戰！

音樂學院、學系的面試季節是每年一到三月，也是美國冬季大風雪最頻繁的時間，考慮氣候問題和交通因素，一定要提早抵達當地。我的朋友表示，每報考一間學校，就得在美國待一星期，報考兩間待兩星期……依此類推，請大家參考這個私房經驗。

到了考試當天，我建議至少提前一小時抵達，這意味著你有迷路的彈性，能夠找停車位、演奏的場地、暖身的空間，甚至有時間緩解分泌過多的腎上腺素。

步驟六：展現演奏與個人魅力

表驗的範疇不只是技巧和音樂表現，會讓音樂學院的教師、入學評鑑委員印象深刻的，還有表演者的人格特質、對音樂的熱情，以及表演是否能真正吸引、激勵聽眾。

除了聽覺饗宴，讓人在視覺上舒服也十分重要，面試時務必穿著正式且優雅的演奏服裝，而且音樂學院及系所的風氣，通常比一般大學更傳統、保守。

步驟七：拿出自信

在面試現場展現出自信、正向的態度，學生可能會面對三到十六位教授，不要預設教授們是來考倒學生的，通常其中一位教

授會展現親和的態度，也就是中文俗稱的「扮白臉」，放輕鬆能表達得更好！

步驟八：表演拿手的自選曲

多數學校讓學生從表演自選曲開始，大家也心知肚明，第一印象非常重要，第一首曲目就該表現得強而有力。如果演奏到第二首，也就是指定曲目時才有好的表現，恐怕為時已晚。因此，挑選自選曲的方針應該是找一曲自己最喜歡、內心最有共鳴的，而不是技巧最困難的。

當你專心並且全神投入演奏，就算心裡感覺有一輩子這麼久，但實際上不過是十到十五分鐘的光景。

Q15：取得美國大學的學位後，我有辦法在美國工作嗎？

瑪麗： 擁有美國學歷可以提高在美就業機率，但絕對不是「保證」！這也是為什麼許多學生會在就學期間以及暑假時，努力尋找打工機會或擔任實習生。

除了平時累積可以寫進履歷表的資歷，企業應徵的電話口試、筆試、面試關卡也需要練習與準備，請拿出準備大學申請的拚勁，去應對求職面試。

參考網站：

・The Balance Careers：https://www.thebalancecareers.com
這個網站收錄了如何尋找工作、職涯方向規劃、職場成功學的
各種方法論與建議，也討論到「都是主修音樂，有甚麼不同？
音樂學士 vs. 藝術學士」（Music Majors: Bachelor of Music vs.
Bachelor of Arts），題材十分廣泛多元。

閱讀到這本書的尾聲，相信大家都認同求學是一場馬拉松，
必須有計畫地努力，並且持之以恆。無論是否進入心目中的理想
大學，都是人生的一段過程，只要下過工夫，必有收穫，眼光放
遠，未來海闊天空──祝大家有志竟成！

第**6**章

申請大學的關鍵
——重點總整理

史丹佛大學

喬丹大樓以知名的魚類學家也是第一任校長大衛・史塔爾・喬丹博士（Dr. David Starr Jordan）命名。主校區建築多是紅磚屋頂及固態砂岩砌的牆，具有加州特色。

校訓：自由之風永遠吹拂（Die Luft der Freiheit weht）。

申請美國大學的作業是在十二年級的第一學期，由於競爭越來越激烈，最好能夠提早準備。尤其從九年級開始所有學業成績都會列入評估，務必盡早意識到這點，並擬訂長程計畫，按部就班向前推進，一步一步實現你的夢想。

許多美國名校都表示，現在採取「holistic」的方法來錄取學生，意思是「全面性」，也就是說除了成績以外，還會考量到學生的課外活動、興趣、才能，甚至家庭背景、種族等。在評估的過程中摻雜了主觀因素，結果就是成績最好的學生不見得會被錄取，也很難去解釋為什麼這位被錄取，而另外一位條件相似的學生卻沒有。在「全面性」的評估中，大學看重的不只是學生有好成績，而是他們能為大學帶來什麼貢獻。一位 GPA 成績四‧〇的學生可能被拒絕，而錄取了一位成績三‧六的學生，因為他是比賽得獎的小提琴手，學校樂團正好需要有此才藝的學生。又或者，一位 SAT 考高分的學生，因為寫了一篇很平庸的自傳而遭到拒絕，另一位學生的自傳精彩萬分，儘管 SAT 沒有像前面那位那麼高分，仍然獲得學校青睞而被錄取。

申請大學的六大關鍵

一、在校成績	9-12 年級
二、考試成績	SAT 或 ACT TOEFL SAT Subject Tests（通常兩個）
三、課外活動	參加自己真正有興趣、有熱情的課外活動，並有卓越的表現
四、自傳	凸顯你的人格特質（personality and qualities）
五、推薦信	兩位老師 學校輔導員（school counselor）
六、面試	常春藤和其他名校

一、在校成績

GPA 代表 Grade Point Average，就是在校平均成績〇至

四・〇，這沒有把課程難度考慮在內。

字母分制	績點	百分制 *
A+	4.0	97-100
A	4.0	93-96
A-	3.7	90-92
B+	3.3	87-89
B	3.0	83-86
B-	2.7	80-82
C+	2.3	77-79
C	2.0	73-76
C-	1.7	70-72
D+	1.3	66-69
D	1.0	60-65
F	0.0	<60

* 每個學校的作法可能有點差異。

GPA 有兩種

Unweighted	未加權，沒有把課程難度考慮在內
Weighted	加權，把難的課程考慮在內： ① AP（Advanced Placement）：大學級別的課程 加 1.0 分 ② Honors：有挑戰性的課程 加 0.5 分

兩種 GPA 的計算

課程	成績	Unweighted GPA	Weighted GPA
Honors English	A	4.0	4.5
Honors Biology	B	3.0	3.5
World History	A	4.0	4.0
Spanish 1	B	3.0	3.0
AP Calculus	B	3.0	4.0
AP Psychology	A	4.0	5.0
GPA 的計算		(4.0+3.0+4.0+3.0 +3.0+4.0)/6	(4.5+3.5+4.0 +3.0+4.0+5.0)/6
GPA		3.5	4.0

範例一：偏數理的課程表

		9th	10th	11th	12th
Courses	(1)Math	Honors Geometry	Honors Calculus A	AP Calculus BC	AP Linear Algebra & Differential Equations
	(2)Science	Honors Physics	Honors Chemistry	Honors Biology	AP Statistics
	(3)English	Honors English 9	Honors English 10	Honors English 11	Honors English 12

		9th	10th	11th	12th
Courses	(4)Language	Japanese 1	Japanese 2	Japanese 3	---
	(5)History	History of Asia	AP European History	AP US History	AP Biology
	(6)Other1	AP Computer Science	AP Physics 1, 2	AP Chemistry	AP Physics C
	(7)Other2	PE	PE	---	AP Environmental Science

範例二：偏文的課程表

		9th	10th	11th	12th
Courses	(1)Math	Honors Algebra 2	Honors Calculus A	AP Calculus AB	AP Psychology
	(2)Science	Honors Physics	Honors Chemistry	Honors Biology	AP Human Geography
	(3)English	Honors English 9	Honors English 10	AP Language	AP Literature
	(4)Language	Spanish 3	Spanish 4	AP Spanish	AP Spanish Literature
	(5)History	AP World History	AP European History	AP US History	AP Comparative Government
	(6)Other1	PE	PE	AP US Government	AP Economics
	(7)Other2	Dance	AP Art History	---	---

* 傳統高中無法選課，只有國際學校或是雙語部才能自選課程。

重點歸納

1	要提早規劃，在九年級就先排出到十二年級的課程，每年再調整修改。
2	依個人興趣選課，喜歡數理就多選數理科的課，喜歡文科就多選文科的課。
3	要有進步的趨勢。
4	要選有挑戰性的課程。
5	一年比一年重要，十一年級比十年級重要，依此類推。

二、考試成績

每個學校給的成績標準不同，但考試是唯一公平的標準。

種類	SAT	ACT	TOEFL	SAT Subject Tests
規定	二選一		國際學生 ①英文不是母語 ②在純英文教學環境少於五年	大部分大學要求兩科目
滿分	1600	36	120	800
內容	Reading Writing & Language Math Essay (optional)	English Reading Math Science Writing (optional)	Reading Speaking Listening Writing	五大科目 20 種考試： English History Languages Math Science
時間	沒寫作： 3 小時 有寫作： 3 小時 50 分	沒寫作： 2 小時 55 分 有寫作： 3 小時 35 分	4 小時 30 分	1 小時

種類	SAT	ACT	TOEFL	SAT Subject Tests
月份 *	8,10,11,12,3,5,6 有些月份只在美國本地	9,10,11,2,4,6	非常多 查網站	8,10,11,12,5,6 有些月份只在美國本地
限制	不能同天考 SAT 和 SAT Subject Tests	---	---	①同天最多能考三科 ②語言有考聽力只在 11 月份提供
次數	最多三次			最多兩次 建議只一次
網站	www. collegeboard.org	www.act.org	www.ets.org/ toefl	www. collegeboard.org

* 每年考試月份會有所更動，詳情仍要參照學校官網的公告。

SAT Superscore

有些大學會「Superscore」你的 SAT 分數，就是拚分後的最高分。有些大學會從你多次考試的成績中，選最高分的數學和閱讀成績拚在一起，變成 Superscore 的總成績，而有些大學只拿你最高分的某次考試，所以要去看大學入學的網站資訊，才能了解各大學的實際作法。

範例

	第一次成績	第二次成績	兩次的最高分	拚分後的最高分
Reading	620	720	720	
Math	780	700	780	
Total	1400	1420	1500	1500

重點歸納

1	要先準備才參加考試。
2	大學沒有偏愛 SAT 或 ACT。
3	可以先做模擬考，評估是 SAT 還是 ACT 比較適合你。
4	不要等到十二年級才考第一次，萬一考試被取消就沒救了。
5	不要考超過三次。

三、課外活動

類別	學校	社區	義工	打工
例子	音樂：樂隊、合唱團 體育：校隊 學生會：幹部 社團 校刊 劇團 舞蹈 科展 機器人 辯論／模擬聯合國	音樂：樂隊、合唱團 體育 美術	社區服務：醫院、基金會活動、偏遠教學	家教 實習 兼職工作

重點歸納

1	質比數量重要。
2	要做有興趣的事，不是覺得大學會喜歡而去做。
3	沒有哪種比哪種重要，最重要的是自己學到什麼。
4	最好有從九年級延續到十二年級。
5	做出成就或有貢獻，最好還能夠擔任領導職務或是得獎。

四、自傳

　　最好避免觸及有爭議性的題目，例如政治、宗教、違法的行為（吸毒或酗酒的經驗）。至於到孤兒院或出國做義工等屬於常見的主題，不是不能寫，但如果真要寫的話，必須發揮創意，因為評審已經讀過太多這類主題的自傳了。

重點歸納

1	選擇能顯現你的特質和性格的題材來寫。
2	寫關於自己：你提到奶奶對你的影響，不要最後讓大學招生官想要錄取奶奶。
3	提出實例：你是有愛心的人，因為你每個週末都去教單親家庭的小孩英文。
4	用你自然的語言：不要用艱澀的難單字，誤以為可以給審評人員好印象。
5	請別人讀，並給予意見。

五、推薦信

老師的推薦信	大多數的大學要求兩封，MIT 特別要求一封是數理老師，另一封是文科老師寫。
學校報告	學校輔導員寫，包括成績單、你在學校的排名、課程的挑戰度……。
規定外的推薦信	大多數的大學都允許再多一到兩份的推薦信，可以是你的教練、實習工作的長官或義工的主管。

重點歸納

1	老師的推薦信最好是由十一年級的老師寫。
2	下課找時間跟老師接觸，讓他更瞭解你。
3	選擇最欣賞你、了解你的老師，而不一定是得到最高分那堂課的老師。
4	教你多年或在其他活動有接觸的老師會更適合，因為更瞭解你。
5	十一年級結束前，就去拜託老師寫推薦信，讓老師暑假有時間下筆。

六、面試

以下是最可能出現的問題：

1	介紹你自己。	談關於你的興趣、你的特質、你跟其他申請者有什麼不一樣。
2	你的課業哪方面比較強？	不要只說「我數理強」，而是解釋你對數學特別有興趣，因此你選了學校最難的數學課、代表學校參加數學競賽、大學想讀數學相關科系，說明要有關連性。
3	你的課業哪方面比較弱？	不能說「我沒弱點」，大學想知道你怎麼克服挑戰，例如某一科你上課如何認真、設法改善學習方式、下課去找老師、多做額外功課來加分、更常做練習題目……
4	你為什麼對我們大學有興趣？	表達你對某系或某教授的課或研究有興趣，或是某項特別的活動很吸引你。
5	你為什麼想讀某科系？	談你對該科系的興趣，而不是因為能賺大錢或是覺得比較容易被錄取。

6	你對我們大學會有什麼貢獻？	談你想參加某個社團或研究，而你的國際背景能給這個團體帶來不一樣的想法，或有機會嘗試新的作法。
7	你休閒的時候喜歡做什麼？	如果是做數學題目，不要因為你覺得面試官想聽到這個答案而這麼說；但如果這真的是你的興趣，就大方說出來。描述你喜歡做的事。例如下廚、畫畫、打球、聽音樂……，並且說出細節。
8	聊聊你遇見過的困難，並且怎麼解決。	不必是很誇張的事，可以是在家裡、學校或課外活動中遇到的困難，比如辦某個活動時，有幾位幹部意見不合，你怎麼居中協調，讓活動能夠順利完成。
9	你的獨特之處？我們為什麼要錄取你而不是別人？	舉出例子來說明你的特質，是否有與眾不同的興趣或是特殊經歷？ 這個問題很難回答，需要事先好好思考一番。
10	你預計十年後的你會在做什麼？	學校想要看到你的企圖心，不是只有穩定高薪的工作，而是你對社會有什麼貢獻。

重點歸納

1	第一印象很重要，從跟面試官聯絡就開始了，應對要有禮貌。
2	要先做練習，上網找題庫，並準備問題請教面試官。
3	要提早到會場，父母不要跟著去。
4	穿著整齊，可以穿校服。
5	面試後寫封感謝信。

申請大學的附件

學生自己 負責	①申請表格	現在除了加州大學（UCs）和 MIT，大多數的大學都使用 Common Application (Common App)，就是通用申請表。在 www.commonapp.org 的網站註冊一個新帳號，就可以使用。填寫基本資料：地址、家人教育背景、成績、十二年級的課程、課外活動（最多十種）、自傳、欲申請的大學名單等。
	②申請費	在 Common App 的帳號裡，用信用卡支付各學校的申請費。
	③考試成績	SAT 或 ACT 和 SAT Subject Tests 要自己請考試單位寄成績給欲申請的大學。
學校負責	④成績單	十一年級末、十二年級第一學期的成績，要寄給欲申請的大學。 十二年級末的成績要寄給欲就讀的大學，成績下降得太離譜的話（A→C），大學有權取消你的入學。
	⑤推薦信	兩封老師的推薦信和學校報告。

美國大學獎助學金

學費補助有兩種：獎學金（scholarship）與助學金（financial aid），而這兩種幾乎只提供給美國居民。

種類	獎學金 （scholarship）	助學金 （financial aid）	
條件	學業的榮譽 （merit-based）	家庭的財務狀況 （need-based）	
特殊 條件		need aware or need sensitive 會影響錄取	need blind 不會影響錄取

美國名校的政策	會影響錄取		不會影響錄取	
	美國居民	國際學生	美國居民	國際學生
Brown		✓	✓	
Columbia		✓	✓	
Cornell		✓	✓	
Dartmouth		✓	✓	
Harvard			✓	✓
MIT			✓	✓
Princeton			✓	✓
Stanford	✓		✓	
University of Pennsylvania	✓		✓	
Yale			✓	✓

申請大學的方式

申請美國大學有以下幾種不同的方式：

種類	Early		Regular	Rolling
申請方式	Early Decision (ED) 提前決定	Early Action (EA) 提前行動	Regular Decision (RD) 一般申請	Rolling Admissions (RA) 滾動申請
特點	提前申請 提前收到結果	提前申請 提前收到結果 錄取可以不去	沒有	沒有明確的申請或截止日，收到申請就審核並陸續通知學生錄取結果，直到名額滿為止
	有些大學提供 ED1 和 ED2 兩個截止日 ED1: 11/1 ED2: 1/1	有些大學使用限制性提前行動（Restrictive or Single Choice Early Action [SCEA]），就是只能申請一所大學		
限制	錄取一定要去	沒有	沒有	沒有
截止日	大多在 11/1		1/1	沒有
申請結果公布日期	12 月中（ED2: 2 月）	12 月中	3 月中到 4 月中	陸續
可能得到的結果	①錄取 ②拒絕（不能再申請 RD） ③延後（放到一般申請者中，再有一次審核機會）		①錄取 ②拒絕 ③候補（5 月中通知是否大學還有名額）	①錄取 ②拒絕

種類	Early		Regular	Rolling
採用的大學	Brown, Columbia, Cornell, Dartmouth, University of Pennsylvania	CalTech Harvard* MIT Princeton* Stanford* Yale* *使用 SCEA	所有大學	Penn State University, University of Pittsburgh, Rutgers University, Indiana University, Michigan State University
註冊及訂金繳納截止日	5/1			

〈後記〉

教養問題　拿捏之間

張彼得

　　孩子是一種不可思議的存在，無論好壞，會讓你的人生過得更
馥郁濃密，歡喜和怨憎也都更深，那是孩子的存在所帶來的贈禮。

——摘錄自日本女作家　曾野綾子《中年之後》

　　我家老婆大人，自從把小兒子也送進理想的大學之後，在如
釋重擔之餘，開始想把她多年的想法付諸實現，就是寫一本如何
幫助台灣孩子申請美國名校的教育書籍。我身為她的親密愛人及
最佳夥伴，自然責無旁貸努力幫助她圓夢成功。在她作品即將完
成付梓之時，我一時手癢，也想寫篇文章和讀者分享我對於養育
兒女的想法，野人獻曝，希望多多少少溫暖眾多身為父母的讀者
心。

　　身為一個父親，我必須承認自己在三個小孩的成長過程中，
很少主動地參與，大部分的時間只是被動地幫忙，如果用球賽來
比喻，老婆像是場內的教練，而我大多數時間充其量只是場外的
啦啦隊長。只是天佑我也，三個小孩都順利地長大成人，更進入

超乎我預期的理想大學，這種快樂，當然是遠勝於我有過的高爾夫球三次一桿進洞，只能說感謝老婆。還有，Thank you, God！

我和老婆正好都是家中的長子和長女，在我們兩人的成長過程中，大部分的時間幾乎都是獨立成長，自己決定自己的方向，甚至多少要分擔父母親的辛勞。所以當我們在教育小孩的時候，很自然地兩人的共識就是：我們要培養出未來能夠獨立自主的下一代，而這正是教養小孩中最重要的一點，也是為人父母，若想快樂安享天年，一定要做到的一點。

物理學中有個基本理論：量變造成質變。這個理論可以簡單解釋，為什麼今日媽寶小孩特別的多，因為少，所以珍貴；因為珍貴，我們會特別寵愛；因為寵愛當然變成寶貝了。維基百科是這樣定義：媽寶指的是欠缺獨立思考，無主見無自信，沒有責任感，以父母為擋箭牌，依賴父母做決定，連生活起居都需要父母照料，甚至成年後生活費用還需要父母提供。我想今日的父母都把兒女當寶貝，但是應該沒有希望兒女變成媽寶的。

只是根據台灣某週刊針對台灣大學院校的外籍生進行「台灣學生競爭力」的問卷調查顯示，高達六十八％的歐美外籍生同意，和他們在本國的同儕相比，台灣學生的父母過度保護他們的孩子，而其他的亞洲學生同意者也達五十六％。只有在台陸生不太認同此觀點（大陸長期實施一胎化），但也認為台灣學生對未

來生涯規劃較不明確。

　　所以在少子化的今天，到底要如何教養才能培養出獨立自主的孩子？教養問題，拿捏之間，誠如莎士比亞在《哈姆雷特》劇中所寫：「To be or not to be, that is the question.」為人父母，在做決定時，往往進退兩難，多所顧忌。我個人所能給的建議是：中道而行，因材施教。老祖先的教誨，是有道理的，特別是過猶不及，我自己體會出的心得是「愛不要太深，氣不要太過」，父母的自我克制最是重要。

　　其實想想現在的孩子，尤其是青少年，壓力實在是很大的。因為孩子生得少，父母對孩子的期望就更為集中。難怪根據美國的調查，青少年中，每四個就有一個覺得生活壓力很大。而且為了進好大學，感覺中這十年來家長和學校對學生的要求都越來越多，除了校內各種標準化的考試，校外還有各種活動，一切的一切，都是為了未來申請好大學加分。但是我們夫妻也看到很多學生，在家長的過度介入之下，幾乎睡覺以外的時間都被安排好了，各項課程必須按表操課，根本沒有時間快樂地擁有自己的空間。這樣努力安排之下，往往結果也只是差強人意，甚至令人失望。

　　所以到底如何教養子女，尤其是青少年才好呢？據說股神巴菲特曾被問到給大學生的建議，他的答案是：「不要喝酒開車，

過馬路的時候不要看手機。」可見最基本的事,可能就是最重要的,但容易被我們忽略。父母自己有看書的習慣,孩子自然會跟進;父母自己常去看望長輩,陪長輩散步聊天,身教重於言教,孩子也會見賢思齊。另外注意孩子身邊的朋友,畢竟近朱者赤,近墨者黑。時時跟孩子聊天,了解他們的世界,了解他們的壓力,讓他們了解父母對他們的關心,但不是要給他們壓力。有時孩子心情不好讓你碰一鼻子灰,做父母的也只能克制,別太生氣,孩子是有脾氣的生物,就像你自己;有時孩子露出懇求的表情,想買名貴炫富的東西,你也得克制自己並適當地拒絕,就是不能寵壞他。這就是我前面所說的「愛不要太深,氣不要太過」。

父母教育兒女,期待的當然是小孩能夠有所成就,要做到古人說的「立德、立功、立言」三不朽是太遠大了,但相信大多數的父母總是期待小孩能夠進入一個好學校,將來能夠找到好工作,最好是他們熱愛而且薪水不錯的工作,然後得到社會的認同和尊敬。只是影響小孩成長的各項變數實在太多:個人資質及意願、學校、家庭、朋友、社會以及各種不可預測的因素,往往小孩的成長方向,和我們當初預期的不同,此時做父母的也只能以一顆開放的心,保持彈性,調整心態。只要小孩長大後能夠獨立自主,能夠和父母保持良好的親情關係,心願亦足矣!

總之我們要了解,孩子雖然是我們的骨肉,但也是一個獨立

的個體。他們會長大，我們會衰老，如聖經傳道書上所說：「凡事都有定期，天下萬物都有定時，生有時，死有時。」所以父母必須懂得放手，必須對與兒女分離做好準備，而培養他們獨立自主的能力就是父母送給他們的最好禮物，也是父母愛的最佳表現。

在此以愛（LOVE）的教養原則與所有家長共勉之：

1. 「L」**長期觀點**（Long-term）：看長期影響別看短期表現，看兒女的長處別看短處。

2. 「O」**樂觀主義**（Optimism）：以樂觀心情去做適當準備，相信兒孫自有兒孫福。

3. 「V」**注重價值**（Value）：重實別重虛，別羨慕他人，兒女能獨立自主就是最珍貴資產，而最有價值的就是親情。

4. 「E」**簡單原則**（Easy-way）：寧簡勿繁，別自找麻煩。簡單的智慧是最難得的。

最後再次感謝我的老婆，娶她是我一生最明智的決定，而她願嫁我則是我一生最幸運的事。以此文作為結婚二十五周年的小小獻禮！

張彼得

二○一八年七月五日於台中

〈附錄：教養雞湯〉
巴菲特留給下一代的智慧課

張彼得

多年來一直名列全球前五大富豪的美國股神巴菲特，為了能夠傳承他的財富智慧與經驗，曾經在二〇一〇年錄製了一段理財教育動畫來闡述他的理念，在此摘要其中重點二十課來作為各位家長教養孩子的參考。

⊂ℬ 第一課 ℬ⊃

想要富裕，就得為將來的投資儲備資金，平時存錢日後才有資金面對未知的風險，和抓住未來的機會。

⊂ℬ 第二課 ℬ⊃

凡事自訂計畫，而且要保證計畫切實可行。好的開始就是成功的一半，計畫錯誤則會導致失敗的結局。

⊂ℬ 第三課 ℬ⊃

欠債太多就是自找麻煩，最好的方法就是不借錢。

⋳ 第四課 ⋰

要有責任心，量入為出，謹慎評估自己的財務能力再消費。

⋳ 第五課 ⋰

找到自己的熱情和興趣，來發揮個人的天賦，這是成功的關鍵。

⋳ 第六課 ⋰

人生不斷面臨各種選擇，正確的選擇才能帶你走向成功。

⋳ 第七課 ⋰

成功的生意，需要找對好夥伴來幫忙。

⋳ 第八課 ⋰

成功離不開和人的良好溝通，要學會傾聽和提問。

⋳ 第九課 ⋰

找對入門的好師傅，向成功的人學習才能讓你學得更多、更深入，也更快成功。

○ 第十課 ○

要遵守紀律，持之以恆來求得成功，不要想抄捷徑。

○ 第十一課 ○

不僅要從自己的錯誤中吸取教訓，也要從別人的失敗中學習。

○ 第十二課 ○

失敗為成功之母，犯錯後也要不斷再嘗試，失敗不是結束，而是新的開始。

○ 第十三課 ○

遇到瓶頸，要去想突破創新的方法，只有經過不斷嘗試，才能找到更好的辦法。

○ 第十四課 ○

任何重要決定都會引發骨牌效應，所以無論投資還是日常生活，做決定時都要考慮後果。

○3 第十五課 ○

別以貌取人，對人的錯誤判斷，會讓你損失許多。

○3 第十六課 ○

終身學習，讓自己保持競爭力。

○3 第十七課 ○

積極熱情，遇到問題別只會說不，要尋找任何可行的方法。

○3 第十八課 ○

適度包裝自己，以得到別人的好感。要學習尊重他人，才能得到他人尊重。

○3 第十九課 ○

面對誘惑必須保持理智並深思熟慮，太好的通常不是真的。

○3 第二十課 ○

新潮的東西往往曇花一現，應該把錢花在永遠需要的東西上面。

謝詞

　　本書收錄了許多過來人寶貴的第一手經驗，感謝在寫作過程中，多位學生、家長及朋友們的不吝分享，謝謝 Chun-Kai, Daisy, David, Dennis, Grace, Jeff, Mandy, Meg, Richard, Shirley, Tiffany, Vincent。

　　感謝我的爸媽，他們沒有移民美國就沒有現在的我。

　　也要謝謝我的三個孩子，做媽媽的白老鼠，並熱心地協助校稿，提供意見。

　　這本書的誕生歸功於老公無限的愛與支持。

　　最終，要感謝神賜給我的一切。

　　「神是我心裡的力量，又是我的福分，直到永遠。」

〈詩篇 73:26〉

國家圖書館出版品預行編目資料

MIT面試官教你進美國名校 / 湯瑪麗作. -- 初版. -- 臺北市：商
周, 城邦文化出版：家庭傳媒城邦分公司發行, 2018.09
面；　　公分

ISBN　978-986-477-520-0（平裝）

1.留學教育　2.大學　3.美國

529.25　　　　　　　　　　　　　　　　　　107013340

MIT面試官教你進美國名校

作　　　　者／湯瑪麗
文 字 整 理／陶曉嫚
責 任 編 輯／程鳳儀

版　　　　權／翁靜如、林心紅
行 銷 業 務／林秀津、王瑜
總 編 輯／程鳳儀
總 經 理／彭之琬
事業群總經理／黃淑貞
發 行 人／何飛鵬
法 律 顧 問／元禾法律事務所　王子文律師
出　　　　版／商周出版
　　　　　　　城邦文化事業股份有限公司
　　　　　　　115台北市南港區昆陽街16號4樓
　　　　　　　電話：(02) 2500-7008　傳真：(02) 2500-7579
　　　　　　　E-mail：bwp.service@cite.com.tw
發　　　　行／英屬蓋曼群島商家庭傳媒股份有限公司　城邦分公司
　　　　　　　115台北市南港區昆陽街16號8樓
　　　　　　　書虫客服服務專線：(02)25007718・(02)25007719
　　　　　　　24小時傳真服務：(02)25001990・(02)25001991
　　　　　　　服務時間：週一至週五09:30-12:00・13:30-17:00
　　　　　　　郵撥帳號：19863813　戶名：書虫股份有限公司
　　　　　　　讀者服務信箱E-mail：service@readingclub.com.tw
　　　　　　　城邦讀書花園www.cite.com.tw
香港發行所／城邦（香港）出版集團有限公司
　　　　　　　香港九龍土瓜灣土瓜灣道86號順聯工業大廈6樓A室
　　　　　　　電話：(852) 25086231　傳真：(852) 25789337
　　　　　　　E-mail：hkcite@biznetvigator.com
馬新發行所／城邦（馬新）出版集團【Cite (M) Sdn Bhd】
　　　　　　　Cite (M) Sdn Bhd
　　　　　　　41, Jalan Radin Anum, Bandar Baru Sri Petaling,
　　　　　　　57000 Kuala Lumpur, Malaysia.
　　　　　　　電話：(603)9056-3833　傳真：(603)9057-6622　Email: services@cite.my

封 面 設 計／徐璽工作室
電 腦 排 版／唯翔工作室
印　　　　刷／韋懋實業有限公司
總 經 銷／聯合發行股份有限公司　　電話：(02)2917-8022　　傳真：(02)2911-0053
　　　　　　　地址：新北市新店區寶橋路235巷6弄6號2樓

■ 2018年09月27日初版　　　　　　　　　　　　　　Printed in Taiwan
■ 2024年05月21日初版4刷

定價／350元

ISBN　978-986-477-520-0

城邦讀書花園
www.cite.com.tw

115　台北市南港區昆陽街16號8樓

英屬蓋曼群島商家庭傳媒股份有限公司城邦分公司　收

- -

請沿虛線對摺，謝謝！

書號：BH6047	書名：MIT面試官教你進美國名校

讀者回函卡

感謝您購買我們出版的書籍！請費心填寫此回函卡，我們將不定期寄上城邦集團最新的出版訊息。

不定期好禮相贈！
立即加入：商周出版
Facebook 粉絲團

姓名：_____ 性別：□男 □女

生日：西元_____年_____月_____日

地址：_____

聯絡電話：_____ 傳真：_____

E-mail：

學歷：□ 1. 小學 □ 2. 國中 □ 3. 高中 □ 4. 大學 □ 5. 研究所以上

職業：□ 1. 學生 □ 2. 軍公教 □ 3. 服務 □ 4. 金融 □ 5. 製造 □ 6. 資訊

　　　□ 7. 傳播 □ 8. 自由業 □ 9. 農漁牧 □ 10. 家管 □ 11. 退休

　　　□ 12. 其他_____

您從何種方式得知本書消息？

　　　□ 1. 書店 □ 2. 網路 □ 3. 報紙 □ 4. 雜誌 □ 5. 廣播 □ 6. 電視

　　　□ 7. 親友推薦 □ 8. 其他_____

您通常以何種方式購書？

　　　□ 1. 書店 □ 2. 網路 □ 3. 傳真訂購 □ 4. 郵局劃撥 □ 5. 其他_____

您喜歡閱讀那些類別的書籍？

　　　□ 1. 財經商業 □ 2. 自然科學 □ 3. 歷史 □ 4. 法律 □ 5. 文學

　　　□ 6. 休閒旅遊 □ 7. 小說 □ 8. 人物傳記 □ 9. 生活、勵志 □ 10. 其他

對我們的建議：_____

_____

_____